普通高等教育系列教材

文献检索与
科技论文写作入门

主　编　王红军
副主编　王培凤　陈　涛　王翰洋
参　编　孟　微　马铭锦　李　艳

机械工业出版社

文献检索和科技论文写作能力是高等院校本科生和研究生必备的一项基本能力。按照中国工程教育专业认证的毕业要求，学生应该能够在解决复杂工程问题的过程中，具有使用现代工具获取相关文献资料和信息的能力。本书是作者历经数年的教学实践讲义的基础上编写而成的，内容包括绪论、科技论文的类型和基本结构、科技文献检索概述、科技文献检索系统、科技论文的写作、科技论文的投稿与审稿、本科毕业设计论文与硕士学位论文的撰写概述和学术报告的制作。

本书主要面向理工科大学生，针对其在大学学习阶段涉及的科技论文撰写、毕业设计论文撰写等相关内容提供写作指导和建议，也针对其在研究生学习阶段会涉及的开题报告和学位论文撰写、科技论文撰写等相关内容提供参考。本书的编写特色是结构清晰、由浅入深、循序渐进、简单实用，方便教师教学与学生阅读。

本书可作为高等院校理工类各专业高年级本科生的教材或教学参考书，也可作为相关专业硕士研究生的教材与参考书，同时还可以作为科技人员的参考书。

图书在版编目（CIP）数据

文献检索与科技论文写作入门/王红军主编. —北京：机械工业出版社，2018.8（2025.1重印）
普通高等教育系列教材
ISBN 978-7-111-60712-0

Ⅰ.①文… Ⅱ.①王… Ⅲ.①情报检索-高等学校-教材
②论文-写作-高等学校-教材　Ⅳ.①G252.7②H152.3

中国版本图书馆CIP数据核字（2018）第191931号

机械工业出版社（北京市百万庄大街22号　邮政编码100037）
策划编辑：丁昕祯　责任编辑：丁昕祯　张丹丹　商红云
责任校对：朱继文　封面设计：张　静
责任印制：邹　敏
三河市国英印务有限公司印刷
2025年1月第1版第24次印刷
184mm×260mm · 13印张 · 315千字
标准书号：ISBN 978-7-111-60712-0
定价：35.00元

电话服务　　　　　　　　网络服务
客服电话：010-88361066　机　工　官　网：www.cmpbook.com
　　　　　010-88379833　机　工　官　博：weibo.com/cmp1952
　　　　　010-68326294　金　书　网：www.golden-book.com
封底无防伪标均为盗版　　机工教育服务网：www.cmpedu.com

前言

自中华人民共和国成立以来，特别是改革开放以来，我国的高等工程教育培养了上千万名工程科技人才，有力地支撑了我国工业体系的形成与发展，保证了我国改革开放40年的经济高速增长，为我国社会主义现代化建设做出了重要贡献。

制造业是我国国民经济的主体，是立国之本、兴国之器、强国之基。经过多年发展，我国制造业在国际上已经具备了比较明显的优势，产品门类齐全，制造能力强大。我国政府发布《中国制造2025》，为我国建设制造强国制定了行动纲领；"一带一路"倡议以及一批重大创新工程和智能制造重点项目的实施，为制造业的发展提供了新的历史机遇。创新是引领制造业发展的第一动力，人才是建设制造强国的根本，是支撑科技创新的核心资源。实现中华民族伟大复兴，必须大力培养结构合理、素质优良的创新型科技人才。

建设创新型国家，提升我国工程科技队伍的创新能力，增强综合国力，应对经济全球化的挑战，都迫切需要培养一大批具有国际竞争力的创新型工程人才。

国际通用工程师培养定位为具有"全球视野、系统思维、协同创新"的能力，胜任世界多样性和快速变化挑战的工程领军人才。也就是通晓国际规则，具有文化包容和跨文化协同能力，具有系统思维、多学科知识交叉融合和迁移能力，具备创新性解决不确定环境下复杂工程问题的能力，具有工程道德和伦理责任及尊重社会价值的能力。

为建立具有国际实质等效性的工程教育质量保障体系，2006年我国启动了工程教育专业认证工作。加入《华盛顿协议》是促进我国工程师按照国际标准培养、提高工程技术人才培养质量的重要举措，是推进工程师资格国际互认的基础和关键，对我国工程技术领域应对国际竞争、走向世界具有重要意义。目前我国已初步建立了与《华盛顿协议》要求基本一致的工程教育专业认证体系。

工程教育专业认证通用标准对工科专业毕业生提出了12条毕业要求：

1. 工程知识：能够将数学、自然科学、工程基础和专业知识用于解决复杂工程问题。
2. 问题分析：能够应用数学、自然科学和工程科学的基本原理，识别、表达并通过文献研究分析复杂工程问题，以获得有效结论。

3. 设计/开发解决方案：能够设计针对复杂工程问题的解决方案，设计满足特定需求的系统、单元（部件）或工艺流程，并能够在设计环节中体现创新意识，考虑社会、健康、安全、法律、文化以及环境等因素。

4. 研究：能够基于科学原理并采用科学方法对复杂工程问题进行研究，包括设计实验、分析与解释数据，并通过信息综合得到合理有效的结论。

5. 使用现代工具：能够针对复杂工程问题，开发、选择与使用恰当的技术、资源、现代工程工具和信息技术工具，包括对复杂工程问题的预测与模拟，并能够理解其局限性。

6. 工程与社会：能够基于工程相关背景知识进行合理分析，评价专业工程实践和复杂工程问题解决方案对社会、健康、安全、法律以及文化的影响，并理解应承担的责任。

7. 环境和可持续发展：能够理解和评价针对复杂工程问题的专业工程实践对环境、社会可持续发展的影响。

8. 职业规范：具有人文社会科学素养、社会责任感，能够在工程实践中理解并遵守工程职业道德和规范，履行责任。

9. 个人和团队：能够在多学科背景下的团队中承担个体、团队成员以及负责人的角色。

10. 沟通：能够就复杂工程问题与业界同行及社会公众进行有效沟通和交流，包括撰写报告和设计文稿、陈述发言、清晰表达或回应指令。具备一定的国际视野，能够在跨文化背景下进行沟通和交流。

11. 项目管理：理解并掌握工程管理原理与经济决策方法，并能在多学科环境中应用。

12. 终身学习：具有自主学习和终身学习的意识，有不断学习和适应发展的能力。

信息素质和论文写作能力的培养是文献检索与科技论文写作课程的教学目标。目前该课程的教学主要侧重于对学生进行信息知识和能力的教育，培养和提高学生的信息素质，对学生吸取新知识、改善知识结构、提高自学和研究能力都具有重要意义。

基于专业教育培养目标及教学时数等诸多方面不同，学生迫切需要更加简明、更具实际指导意义的教材，在他们对不同文献信息特点的认识、获取及利用上，特别是在他们完成毕业论文等重要学习过程以至于在未来的研究工作中，都需要得到有效的引领及指导。学生通过系统学习，掌握科技文献检索和科技论文写作的方法，可以为他们将来走上工作岗位或进一步深造打下坚实的基础。

本书先从科技论文的基本结构和特点入手，介绍论文的主要组成部分，然后介绍文献检索的基本知识，着重介绍科技论文写作的基本要求、毕业设计论文和硕士学位论文的撰写要求，为学生提供一本简洁、实用的教材。通过学习，学生应掌握科技论文的写作要点，系统了解和较为熟练地掌握各类数据库、电子期刊、电子图书、报纸、多媒体数据库的检索和使用方法，从而能够充分掌握在网上查找知识并分析应用、管理知识的技能，并在自身学习和科研过程中学以致用。本书在系统介绍科技论文写作和文献检索相关概念的同时，力争做到理论部分简明、实践部分突出，以实用为原则，易于掌握理论，易于实践应用，使学生获得一定的科技论文写作的基本知识，以及文献信息收集、整理、加工与利用的能力，以帮助其顺利完成论文写作及毕业设计。

本书的作者长期从事科研、教学和审稿工作，本书为作者工作中的切身体会和经验总结。本书由王红军教授负责全书筹划和统稿，并担任主编，王培凤、陈涛、王翰洋担任副主编。具体编写分工如下：王红军编写第1章、第5章、第7章，王翰洋编写第2章，王培凤、孟微、李艳、马铭锦编写第3章、第4章，陈涛编写第6章、第8章。

本书的出版得到了北京市高层次创新创业计划领军人才支持项目、北京市教学名师资助项目（PXM2014_014224_000080）、国家级实验教学示范中心建设项目（PXM2016_014224_000038）、"机械工程专业学位点智能制造技术人才培养实践体系建设" 2017年研究生教育质量工程类项目（5121723106）、2017年北京信息科技大学教育教学改革项目（2017JG01）等的支持，在此表示衷心感谢！

在编写过程中，得到了北京信息科技大学图书馆江珊老师的热情帮助，同时也得到现代测控技术教育部重点实验室、北京信息科技大学教务处、北京信息科技大学机电工程学院、国家级实验教学示范中心（北京信息科技大学）的热情支持，在此谨向他们表示衷心感谢！

书中各章内容独立，读者可以根据需要选择阅读。

本书可作为高等院校理工类各专业高年级本科生、理工类研究生科技写作的教材和教学参考书，也可以作为科技人员的参考书。

本书在编写过程中参考了许多学者的资料和文献，并尽可能地在参考文献中列出，在此向这些文献的作者表示感谢！若某些参考资料由于编者疏忽等原因没有标注其出处，在此表示歉意！

由于编者水平和学识有限，时间仓促，书中难免存在不足和错误之处，敬请各位读者朋友批评指正！

编　者
于北京信息科技大学

目录

前言

第1章 绪论 ·· 1
  1.1 概述 ·· 1
    1.1.1 科技论文的定义 ··· 2
    1.1.2 科技论文的基本特点 ······································ 2
  1.2 科技论文的功能 ··· 3
    1.2.1 科技论文是学术交流的媒介与载体 ················· 3
    1.2.2 科技论文有利于科学积累和保存 ····················· 3
    1.2.3 科技论文是研究成果的体现 ···························· 3
    1.2.4 学位论文是获得学位的根本 ···························· 3
  1.3 科技论文的写作过程 ··· 4
  1.4 本书的内容 ·· 5
  思考题 ·· 5

第2章 科技论文的类型和基本结构 ····································· 6
  2.1 科技论文的类型 ··· 6
  2.2 按照研究方式和论述内容分类 ·································· 7
    2.2.1 实（试）验研究报告型论文 ···························· 7
    2.2.2 理论推导型论文 ·· 7
    2.2.3 理论分析型论文 ·· 7
    2.2.4 设计型论文 ·· 8
    2.2.5 综合论述型论文 ·· 8
  2.3 按照功能分类 ··· 8

2.3.1 技术报告 ... 8
  2.3.2 学术论文 ... 9
  2.3.3 与学位相关的论文 ... 9
 2.4 科技论文的基本结构 ... 10
  2.4.1 论文题目或者标题 ... 10
  2.4.2 论文作者及工作单位 ... 10
  2.4.3 摘要与关键词 ... 11
  2.4.4 引言 ... 12
  2.4.5 正文 ... 12
  2.4.6 致谢 ... 12
  2.4.7 参考文献 ... 12
 思考题 ... 13

第3章 科技文献检索概述 ... 14
 3.1 文献信息资源基本知识 ... 14
  3.1.1 信息、信息资源的概念 ... 14
  3.1.2 科技文献信息的类型和特点 ... 14
  3.1.3 网上学术信息资源的类型和特点 ... 18
 3.2 文献信息检索 ... 19
  3.2.1 检索的概念 ... 19
  3.2.2 检索语言 ... 20
  3.2.3 检索系统（数据库） ... 23
  3.2.4 检索方法与步骤 ... 24
  3.2.5 检索结果的评价 ... 25
 思考题 ... 25

第4章 科技文献检索系统 ... 27
 4.1 不同类型文献信息的检索 ... 27
  4.1.1 科技图书的检索 ... 27
  4.1.2 科技期刊论文的检索 ... 35
  4.1.3 学位论文的检索 ... 47
  4.1.4 会议文献的检索 ... 47
  4.1.5 专利文献的检索 ... 47
  4.1.6 标准文献的检索 ... 50
  4.1.7 事实与数据检索 ... 56
  4.1.8 文献传递 ... 56
 4.2 典型中文信息资源系统 ... 58
  4.2.1 中国知网 ... 58
  4.2.2 万方数据知识服务平台 ... 62

4.2.3 读秀学术搜索 ································· 65
4.2.4 维普中文期刊服务平台 ···························· 67
4.2.5 中国高等教育文献保障系统数据库 ························ 69
4.2.6 中国国家图书馆数字资源 ···························· 69
4.2.7 国家科技图书文献中心数据库 ·························· 71
4.2.8 汇雅书世界 ································· 72
4.3 典型外文信息资源系统 ································ 73
4.3.1 Web of Science 数据库 ···························· 73
4.3.2 EI Compendex 工程索引数据库 ························ 81
4.3.3 IEEE/IET Electronic Library（IEL）全文数据库 ··············· 86
4.3.4 美国机械工程师学会全文数据库 ·························· 90
4.3.5 ScienceDirect 全文期刊数据库 ······················· 93
4.3.6 Springer 电子期刊数据库 ·························· 94
4.3.7 Ebook Central 电子图书 ·························· 97
思考题 ··· 102

第5章 科技论文的写作 ································· 103
5.1 如何拟定标题 ···································· 103
5.1.1 拟定标题的原则 ······························· 104
5.1.2 标题与论文主题的关系 ····························· 104
5.1.3 几点注意事项 ······························· 105
5.2 如何标署作者姓名 ·································· 105
5.2.1 署名的原则 ································ 106
5.2.2 署名的形式 ································ 106
5.2.3 如何标注作者工作单位 ····························· 106
5.3 如何写摘要 ····································· 107
5.4 如何写关键词 ···································· 109
5.4.1 关键词分类与标引 ······························ 109
5.4.2 标引关键词应遵循的基本原则 ························· 110
5.4.3 关键词的标引步骤 ······························ 110
5.5 如何写正文 ····································· 111
5.5.1 引言 ···································· 112
5.5.2 方法、证明或实验过程 ····························· 113
5.5.3 结论或讨论 ································ 114
5.6 如何致谢 ······································ 115
5.7 如何引用参考文献 ·································· 116
5.8 科技论文的注意事项 ································· 117
5.8.1 关于变量、缩写和单位 ····························· 117

  5.8.2 图和表 …… 118
 5.9 科技论文写作技巧 …… 120
  5.9.1 科技论文写作的条件 …… 120
  5.9.2 科技论文写作的要点 …… 121
  5.9.3 优秀论文的要素和误区 …… 121
 思考题 …… 122

第6章 科技论文的投稿与审稿 …… 123

 6.1 如何选投稿对象 …… 123
 6.2 编辑与外审 …… 129
 6.3 更正样稿 …… 130
 6.4 作者的责任 …… 131
 6.5 SCI投稿各阶段的电子邮件参考模板 …… 131
  6.5.1 最初投稿的投稿信（Cover letter） …… 131
  6.5.2 催稿信 …… 132
  6.5.3 修改稿的投稿信（Cover letter） …… 132
  6.5.4 修改稿回答审稿人的意见（最重要的部分） …… 133
  6.5.5 文章接受后感谢负责你文章的编辑或主编的感谢信 …… 134
  6.5.6 询问校稿信件 …… 134
  6.5.7 文章校稿信件 …… 135
 思考题 …… 135

第7章 本科毕业设计论文与硕士学位论文的撰写 …… 136

 7.1 本科毕业设计论文的撰写 …… 136
  7.1.1 本科毕业设计论文的选题 …… 137
  7.1.2 毕业论文写作的准备 …… 138
  7.1.3 毕业论文的写作要求 …… 143
  7.1.4 毕业论文答辩 …… 144
  7.1.5 毕业论文文档归档要求 …… 145
 7.2 硕士、博士学位论文的撰写 …… 145
  7.2.1 概述 …… 145
  7.2.2 学位论文的科研选题和准备过程 …… 148
  7.2.3 硕士学位论文的开题报告和中期检查 …… 149
  7.2.4 硕士学位论文的基本要求和写作 …… 153
  7.2.5 硕士学位论文的答辩与发表 …… 157
 思考题 …… 159

第8章 学术报告的制作 …… 160

 8.1 学位论文答辩报告 …… 160

8.2 科技报告 ····· 165
8.3 会议交流海报 ····· 170
思考题 ····· 173

附录 ····· 174

附录 A 论文模板格式 ····· 174
附录 B 大学生科技创新计划项目申请书、结题材料清单、结题报告 ····· 178
　附录 B.1 大学生科技创新计划项目申请书 ····· 178
　附录 B.2 大学生科技创新计划项目结题材料清单 ····· 182
　附录 B.3 大学生科技创新计划项目结题报告 ····· 183
附录 C 本科毕业设计任务书 ····· 187
附录 D 本科毕业设计论文规范 ····· 189
　附录 D.1 本科毕业设计论文开题报告撰写参考格式 ····· 189
　附录 D.2 本科毕业设计论文撰写参考格式 ····· 190

参考文献 ····· 195

第 1 章

绪 论

1.1 概述

同学们在进入大学学习之后,将会开展一些科技创新及学术研究活动。若要完成毕业设计以获得学位,还需要撰写开题报告、毕业设计论文等。对于研究生来说,需要完成课题研究,撰写科技论文和学位论文。有的同学在从事科技创新活动中,获得了一些研究成果,若要共享自己的科技成果,就需要通过发表科技论文来实现。科技论文公开发表是个人学术能力的彰显,反映其创新能力、发现问题能力、解决问题能力、逻辑思维能力、提炼总结能力、写作能力、审美能力等多种能力。通过发表科技论文,可以培养学生的专业信息获取能力,培养和提高学生研究性学习的意识和能力,提高学生的科技论文写作能力,锻炼学生的学术创新能力。那么什么是科技论文?如何撰写科技论文、开题报告,学位论文?如何获取信息?

科技论文写作的好坏对科学研究人员而言是十分重要和严肃的。罗伯特在他的著作中说过科学研究的最终结果一定是需要发表的。科技写作是科技工作的一个重要组成部分,它贯穿于科技工作者研究的全过程。随着科学研究的进行,科技工作者要将科研活动的实验手段、测试结果、发明和发现等各种现象记录下来,经过分析和整理,有些内容以论文的形式公布于世,与同行进行交流,得到同行的评价和认可。

科技写作是一门科学,科学具有继承性。有人曾统计过,一个创造性的科技项目,其90%的知识可以从以往的文献中获得,所以在科技论文的写作中,一个必要的先决条件就是学习前人所创造的知识,即收集充足的资料。

在科技论文写作过程中,学生对自己的科研成果不知如何用论文的形式表达;积累了不少资料,但不知如何拟定题名,不知如何撰写摘要,不知如何表述自己的观点;写成了论文,不知该投向哪个刊物等。造成这些困惑的原因是没有掌握科技论文写作的基本方法,不太了解科技论文写作的有关国家标准和规定,不太知道期刊的类别,不太清楚编辑部对稿件的处理过程是什么样的,更缺乏科技写作的基本训练。

本书系统而简明地介绍了科技论文(学位论文)的基本概念、基本方法,论文各部分的具体内容、要求、写法、写作要点,写作所涉及的量、单位以及量与单位符号的正确使用，外文符号、数学式的正确书写和编排，数字、缩略词语的正确使用，图、表的合理设计，如何投稿，如何进行文献检索，如何准备学术报告等内容；还针对本科毕业设计论文的撰写进行了介绍。附录中还列出了大学生科技创新计划项目的申请、结题的相关表格。

1.1.1 科技论文的定义

什么是科技论文？

在认识和改造客观世界的过程中，通过足够的、可以重复其实验，使他人得以评价和信服的素材论证。首先揭示出事物及其真谛，并发表于正式科技期刊或其他得到学术界正式认可形式的叙述文件可统称为科技论文。

科技论文作为人类以文字的形式记载知识和经验的产物，是人类文明传承的关键一环，是教材和专著的源泉，是对创造性的科研成果进行理论分析和总结的科技写作文体。

1.1.2 科技论文的基本特点

科学性、创新性、理论性、规范性和准确性是科技论文的核心，是撰写科技论文需要遵守的基本原则。

1. 科学性

科学性是科技论文在方法论上的特征，使科技论文与一切文学的、美学的、神学的文章区别开来。它描述的不仅仅是涉及科学和技术领域的命题，而且更重要的是论述的内容具有科学可信性，科技论文不能凭主观臆断或个人好恶随意地取舍素材或得出结论，它必须根据足够的和可靠的实验数据或现象观察作为立论基础。所谓"可靠的"是指整个实验过程是可以复核验证的，即论文的内容是科学的，内容的表述是科学的，论文的结构也是科学的。

论文内容的科学性表现为论文的内容是客观存在的事实，是可以复现的成熟理论、技巧或物件，或者是经过多次使用已成熟并且能够推广应用的技术。所探讨和论述的问题以及得出的结论必须符合客观规律，符合被实践已经证明了的客观法则，经得起科研同行的检验，作者本人或同行按照论文描述的方法和程序进行研究，应该得到相同的结论。

论文表述的科学性表现为文章的理论客观、论据充足、论证严密，表述得准确、明白，语言贴切。表述概念及定义科学或选择恰当的科学术语，表述数字准确。

论文结构的科学性表现为其结构应具有严密的逻辑性。运用综合方法，从已掌握的材料得出结论。

2. 创新性或独创性

创新是科技论文的灵魂。创新性或独创性是指科技论文所揭示的事物现象、属性、特点及事物运动时所遵循的规律，或者这些规律的运用必须是前所未见的、首创的或部分首创的，必须有所发现、有所发明、有所创造、有所前进而不是对前人工作的复述、模仿或解释。

"有所发现、有所发明、有所创造、有所前进"是指要以科学的、实事求是的、严肃的态度提出自己的新见解，创造出前人没有过的新理论或新知识。对原创的概念或已有概念做深化处理，对原创的方法或已有方法进行改进，并促进概念和方法在新领域的应用。

3. 理论性或学术性

理论性或学术性是指科技论文应具有一定的学术价值，要将实验、观测所得的结果，从理论高度进行分析，把感性认识上升到理性认识，进而找到规律，得出科学结论。论文所表述的发现或发明,不但具有应用价值,还具有很高的理论价值。

4. 规范性和可读性

科技论文必须按一定格式写作,具有良好的可读性。文字表达要求语言准确、简明和通顺,条理清楚,层次分明,论述严谨。论文中的名词术语、数字、符号的使用,图表的设计,计量单位的使用,文献的著录等都应符合规范化要求。

5. 准确性和真实性

科技论文应前提正确、篇章结构脉络清晰、结构严谨、层次分明、推断合理、前后呼应、自成体系。要求内容真实、表达严谨、可复现。准确性和真实性是指对研究对象的运动规律和性质表述的接近程度,包括概念、定义、判断、分析和结论要准确,对自己研究成果的估计要确切、恰当,对他人研究成果(尤其是在做比较时)的评价要实事求是。

1.2 科技论文的功能

1.2.1 科技论文是学术交流的媒介与载体

科技论文是科技工作者之间进行科学思想交流的永久记录,也是科学的历史,它记载了探索真理的过程,记载了各种观测结果和研究结果。科学技术研究是一种承上启下的连续性的工作,一项研究的结束可能是另一项研究的起点。科技论文是一切科技交流的基础。科技工作者通过论文写作与发表进行学术交流,促进了研究成果的推广和应用,有利于科学事业的繁荣与发展。

论文的写作与发表,对于提高研究水平、减少无效劳动和推动科学技术发展起着不可估量的作用。科技发展史告诉我们,许多重大的发明、发现都是从继承和交流开始的。

1.2.2 科技论文有利于科学积累和保存

科技论文使学术研究成果信息的存储、传递超越时空的限制,作为文献保存下来,成为科学技术宝库的重要组成部分,为同时代人和后人提供科学技术知识,由整个人类所共享。人类的整个科学技术历史长河就是由这样一个个浪花汇集而成的。

1.2.3 科技论文是研究成果的体现

科技论文的发表是考核科技工作者业务成绩的重要依据。发表论文的数量和质量是衡量一个科技工作者学识水平与业务成绩的重要指标,同时也是考核他们能否获得技术职务晋升的重要依据。

1.2.4 学位论文是获得学位的根本

学位论文是指高等院校、研究机构的毕业生或其他人员为获得学位而撰写的学术性研究论文。学位论文表明作者从事科学研究取得了创造性结果或有了新见解,并以此为内容撰写而成,作为提出申请授予相应学位时评审用的学术论文。一般学位论文论题单一,论述系统、详细,所探讨的问题比较专深,有独到的见解,对研究工作有较大的参考价值。学位论文是论文答辩委员会用来决定是否通过并建议授予学位的重要依据。

目前我国学位分为学士、硕士、博士三级。根据国家规定,国家对学位论文有明确的要求。比如大学本科学生在毕业前完成的学士论文，要求在老师的指导下，掌握和运用已经学到的专业基础理论和基本技能，具备解决本专业领域中某一学术问题的能力，为毕业后进行专题研究打好基础。学士学位论文的要求不高，通过毕业设计论文，表明作者已经较好地掌握了本门学科的基础理论、专门知识和基本技能，具有从事科学研究工作或者担负专门技术工作的初步能力。大学生的学位论文是必须撰写的论文，也称为毕业论文。

学位论文是考核毕业生能否授予学位的重要方面，学位申请者必须通过规定的课程考试和论文审查、答辩，合格后才能授予学位。

一般本科生的学位论文，侧重于考查学生运用所学知识解决某些问题的能力。本科生的毕业设计论文限定在半年内，在指导老师指导下进行的首次科学研究或者工程实践的总结。选题范围小，内容具体，一般为 1.5 万字左右，内容不太复杂，要求能够很好地分析和解决具体工程实践中的问题。

1.3 科技论文的写作过程

科技论文的写作过程一般包括如下四部分内容：

1）选题。通过选题界定研究范围，具体化研究内容：首先结合自己从事的工作，选择有科学价值、有创新和有现实意义的论题；其次要善于从学科的边缘处或多学科的交叉处寻找选题；多看行业期刊，多听学术报告，多与同行探讨，弄清研究现状和要解决的问题等；发现感兴趣的领域内尚未探讨过但很有意义的课题；善于抓住科研生产过程中遇到的难题，发现思维的闪光点等。

2）查阅文献。了解关于选题的国内外研究现状，从而发现新观点或新的研究方案；创新性或独创性是科技论文的首要特点。这是因为科技论文所报道的主要研究成果应是前人（或他人）所没有的。如果没有新的观点、见解、结果和结论，则不能称其为科技论文。

3）制订研究方案。查看所制订的研究方案是否满足科技论文写作的要求：如解决了前人未能解决的问题，某项技术的发明创造，某个新方法、新材料的发现，某项新工艺的设计和应用，补充、证实或否定了未被公认的假说等，论述一些重要的理论性的、实验性的或观测性的新知识，或者一些已知原理在实际应用中的进展情况。即使只是做了一些订正、改进、深化和提高准确度等方面的工作，也是可取的，也属于创新的范围。

4）撰写科技论文。在前面步骤的基础上撰写科技论文，并进行修改完善，最终发表或上交单位。科技论文的写作流程如图 1-1 所示。

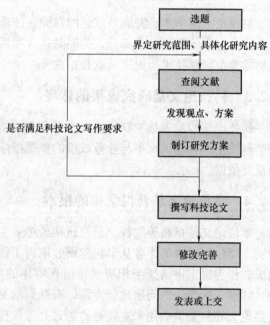

图 1-1 科技论文的写作流程

1.4 本书的内容

本书主要包括以下内容：

第1章绪论，主要介绍科技论文的定义、作用和本书包括的内容。

第2章科技论文的类型和基本结构，主要介绍科技论文的基本组成结构。

第3章科技文献检索概述，详细介绍了科技文献检索的方法与资源。

第4章科技文献检索系统，详细介绍了如何用检索系统进行科技文献的检索，为科技论文写作提供基础。

第5章科技论文的写作，对科技论文的题目、作者署名、摘要、正文、结论、致谢以及参考文献的写作方式进行了详细的介绍。

第6章科技论文的投稿与审稿，给出了投稿的流程和作者的责任。

第7章本科毕业设计论文与硕士学位论文的撰写，介绍了学位论文、毕业设计论文的写作方法和注意事项。

第8章学术报告的制作，介绍了学术报告和答辩PPT的制作方法。

本书主要面向理工科大学生，针对大学生在大学学习阶段主要涉及的课程设计、研究报告、大学生科技创新计划项目申请、结题、科技论文撰写、毕业设计论文撰写等相关内容提供写作指导和建议；同时也针对研究生学习阶段会涉及的开题报告和学位论文撰写、科技论文撰写等相关内容提供参考。

思考题

1. 你写过科技论文吗？如果写过，你觉得最难写的是哪部分？
2. 科技论文的基本特点是什么？
3. 科技论文的功能有哪些？
4. 你以前会查阅文献资料吗？如果会，你看过什么文献？
5. 科技论文的写作过程分为几个步骤？

第 2 章

科技论文的类型和基本结构

科技论文是我们从事实验、理论或观察的科研工作所取得的结果，按照一定的格式编写而成的报道。科技论文的基础是科学研究的成果及其素材，只有从事科学研究或者工程实践并取得新的成果者才能写出科技论文。论文是科技人员一项必备的专业技能，是评价一个单位或一个科技人员学术水平、研发能力和创新能力高低的重要标志。

为什么要发表论文？

通过发表论文，可以公布创新成果，获得知识产权；可以体现作者的学术水平，建立影响（声誉）；重要的是可以促进科学技术进步和行业进步；可以晋升职称或者通过撰写毕业论文获得学位。比如沃森（Watson）与克里克（Crick）发现DNA双螺旋结构的论文和美国科学家彭齐亚斯和威尔逊发现宇宙大爆炸的3K背景辐射的技术观测论文让作者分别获得了诺贝尔生物医学奖与物理学奖。通过发表论文，使得研究成果得到同行的认可和共享，造福社会。

一篇高水平的论文不仅要有科学的分析论证、独到的学术见解，还要做到结构严谨、层次清楚、语句通顺、用词准确，有较高的可读性，才能被相应的期刊杂志所接受，得以尽快发表。科技论文写作的质量不但表明作者的学术水平和表达能力，也直接影响刊登该文的期刊水平。

如何撰写一篇高水平的论文？下面就来了解科技论文的类型和基本结构等内容。

2.1 科技论文的类型

一般情况下科技论文分为以下几类：

（1）论证型　论证型是对基础科学命题的论述与证明的文件，如对数、理、化、天、地、生等基础学科及其他众多的应用性学科的公理、定理、原理、原则或假设的建立、论证及其适用范围、使用条件的讨论。

（2）科技报告型　在国家标准GB/T 7713.3—2014中，科技报告是描述一项科学技术研究的结果或进展或一项技术研究实验和评价的结果；或者论述某项科学技术问题的现状和发展的文件。记述型论文是它的一种特例（如医学领域的许多临床报告均属于此类型）。

许多专业技术、工程方案和研究计划的可行性论证文章,也可列入本类型。

这样的文章一般应该提供所研究项目的充分信息。原始资料的准确与齐备,包括正反两方面的结果和经验,往往使它成为进一步研究的依据与基础。科技报告型论文占现代科技文献的多数。

(3) 发现、说明型　发现、说明型是记述被发现事物或事件的背景、现象、本质、特性及其运动变化规律和人类使用这种发现前景的文件。

阐述被发明的装备、系统、工具、材料、工艺、配方形式或方法的功效、性能、特点、原理及使用条件等的文件。

(4) 计算型　计算型是提出或讨论不同类型(包括不同的边值和初始条件)数学、物理方程的数值计算方法,其他数列或数字运算,计算机辅助设计及计算机在不同领域的应用原理、数据结构、操作方法和收敛性、稳定性、精度分析等。它往往是计算机软件进一步开发的基础。

(5) 综述型　综述型是一种比较特殊的科技论文,它与一般科技论文的主要区别在于它不要求在研究内容上具有首创性,尽管一篇好的综述文章也常常包括某些先前未曾发表过的新资料和新思想,但是它要求撰稿人在综合分析和评价已有的资料基础上,提出在特定时期内有关专业课题的演变规律和趋势。该类文章一般由行业专家或者资深专家撰写。

综述文章的标题一般较笼统,篇幅允许稍长,它的写法通常有两类:一类以汇集文献资料为主,辅以注释,客观而少评述,某些发展较活跃的学科的年度综述属于这类。另一类则着重评述,通过回顾、观察和展望,提出合乎逻辑的、具有启迪性的看法和建议。这类文章的撰写要求较高,具有权威性,往往能对所讨论学科的进一步发展起到引导作用。

2.2　按照研究方式和论述内容分类

2.2.1　实(试)验研究报告型论文

实(试)验研究报告型论文不同于一般的实(试)验报告,其写作重点应放在"研究"上。它追求的是可靠的理论依据,先进的实(试)验设计方案,先进、适用的测试手段,合理、准确的数据处理及科学、严密的分析与论证。

2.2.2　理论推导型论文

理论推导型论文主要是对提出的新的假说通过数学推导和逻辑推理,从而得到新的理论,包括定理、定律和法则。写作要求:数学推导要科学、准确,逻辑推理要严密,并准确地使用定义和概念,力求得到无懈可击的结论。

2.2.3　理论分析型论文

理论分析型论文主要是对新的设想、原理、模型、机构、材料、工艺和样品等进行理论分析,对过去的理论分析加以完善、补充或修正。写作要求:论证分析要严谨,数学运算要正确,资料数据要可靠,结论除了要准确之外,一般还需经实(试)验验证。

2.2.4 设计型论文

设计型论文的研究对象是新工程、新产品的设计,主要研究方法是对新的设计文件最佳方案或是实物进行全面论证,从而得出某种结论或引出某些规律。对论文总的要求是相对要"新",数学模型的建立和参数的选择要合理,编制的程序要能正常运行,计算结果要合理、准确;设计的产品或调、配制的物质要经试验证实。一般工科大学生经常要撰写此类论文。

2.2.5 综合论述型论文

综合论述型论文的一类写法是在作者博览群书的基础上,综合介绍、分析、评述该学科(专业)领域里国内外的研究新成果、发展新趋势,并表明作者自己的观点,做出发展的科学预测,提出比较中肯的建设性意见和建议。另一类写法是以汇集文献资料为主,辅以注释,客观而较少评述。

2.3 按照功能分类

按照功能将科技论文分为技术报告、学术论文和与学位相关的论文三类,如图 2-1 所示。

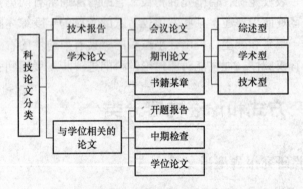

图 2-1 科技论文的类型

2.3.1 技术报告

技术报告是关于某项科研成果的正式报告或记录,一般是研究单位或个人,以书面形式向提供经费和资助的部门或组织汇报其研究成果或进展情况的报告。

技术报告的特点是每份报告自成一册,有机构名称、统一格式和统一编号(即报告号)。许多最新的研究课题与尖端学科的信息,都首先在科技报告中反映出来,内容翔实专深,既反映成功的经验,又有技术失败的教训,往往附有详尽的数据、图表和事实资料,对科研工作能起到直接的借鉴作用,是一种重要的科研信息来源。

目前全世界每年都有大量的科技报告产生,其中最著名的是美国政府研究报告,主要有行政系统的 PB 报告、军事系统的 AD 报告、航空与宇航系统的 NASA 报告、原子能与能源管理系统的 DOE 报告等。科技报告在很大程度上展示了一个国家或一个机构的科学研究和技术开发水平。科技报告发行范围常受到控制,大部分带有密级,以内部资料的形式出现,所以获取相对困难。

2.3.2 学术论文

学术论文是某一学术课题在实验性、理论性或预测性上得出的新科学研究成果或创新见解和知识的科学记录，或是某种已知原理应用于实际而取得新进展的科学总结。学术论文可以在学术会议上宣读、交流、讨论或在学术刊物上发表，或用作其他用途的书面文件。

学术论文是衡量一个人学术水平和科研能力的重要标志。在学术论文撰写中，选题与选材是头等重要的事情。一篇学术论文的价值关键并不只在写作的技巧上，而是要注意研究工作本身，在于你选择了什么课题，并在这个特定主题下选择了什么典型材料来表述研究成果。

科学研究的实践证明，只有选择了有意义的课题，才有可能取得较好的研究成果，写出较有价值的学术论文。所以学术论文的选题和选材，是研究工作开展前具有重大意义的一步，是必不可少的准备工作。

学术论文是用系统的、专门的知识来讨论或研究某种问题或研究成果的学理性文章，具有学术性、科学性、创造性和学理性。

按研究的学科，可将学术论文分为自然科学论文和社会科学论文。每类又可按各自的门类分下去，如社会科学论文，又可细分为文学、历史、哲学、教育和政治等学科论文。

按研究的内容，可将学术论文分为理论研究论文和应用研究论文。理论研究重在对各学科的基本概念和基本原理的研究；应用研究侧重于如何将各学科的知识转化为专业技术和生产技术，直接服务于社会。

按写作目的，可将学术论文分为交流性论文和考核性论文。交流性论文，目的只在于专业工作者进行学术探讨，发表各家之言，以显示各门学科发展的新态势；考核性论文，目的在于检验学术水平，成为有关专业人员升迁晋级的重要依据。

2.3.3 与学位相关的论文

学位是授予个人的一种学术称号或学术性荣誉称号，表示其受教育的程度或在某一学科领域里已经达到的水平。学位论文包括学士论文、硕士论文和博士论文。

与学位相关的论文主要包括开题报告、中期检查和学位论文。学位论文是指为了获得所修学位，被授予学位的人按要求所撰写的论文。

开题报告是指开题者对科研课题的一种文字说明材料，由选题者把自己所选课题的概况（即"开题报告内容"），向有关专家、学者和科技人员进行陈述，然后由他们对科研课题进行评议，开题报告是毕业论文答辩委员会对学生答辩资格审查的依据材料之一。

开题报告包括综述、关键技术、可行性分析和时间安排四个方面。由于开题报告是用文字体现的论文总构想，因而篇幅不必过大，但要把计划研究的课题、如何研究、理论适用等主要问题写清楚。开题报告一般为表格式，它把要报告的每一项内容转换成相应的栏目，这样做，既便于开题报告按栏目填写，避免遗漏，又便于评审者一目了然，把握要点。

中期检查是博士生、研究生、本科生在毕业论文进行到一半时撰写的一份用于检查完成结果的书面考核性报告。

2.4 科技论文的基本结构

在科学技术期刊上公开发表的研究论文的写作格式，按照从头到尾的顺序包括：论文题目、作者姓名及其工作单位（通信地址）、摘要及关键词、前言（或引言）、正文（包括理论方法、实验部分、理论结果或实验结果、讨论、结论等）、致谢、参考文献和附录等。科技论文的基本结构如图 2-2 所示。

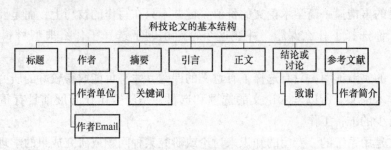

图 2-2 科技论文的基本结构

在科技论文的基本结构中目录和附录为学术论文所独有，而标题、摘要和引言是最为关键的部分。

2.4.1 论文题目或者标题

论文题目或者标题是文章的篇名，简称文题，位于开篇之首，反映论文主要的内容，体现了论文的研究方向并明确界定了论文的研究范围。

标题是第一印象也是画龙点睛，好的标题是论文发表成功的一半，拟定标题在很大程度上关系着论文的成败。

一篇论文的标题旨在告诉读者这篇论文在谈论些什么事，间或为其主要研究成果提出暗示，标题就是论文的招牌。好的招牌可以引起读者的注意，最起码会让读者有兴趣来阅读你的论文。标题非常重要，有好的内容而没有好的标题，会使整篇论文的价值大打折扣。

标题必须简明，标题一般不超过 20 个字，字数尽可能少，既能反映论文的主题，又能让读者读懂。标题必须贴切兼具新鲜感和创意，且能切实反映论文内容。对标题长短及字词精准度的掌握，要有减一字则太少，多一字则太多的拿捏，要使读者在看到标题时，就能深受吸引并对内容有所期待。

标题可不用完整句子，标题是通过将词汇或术语按照语法规则规范地排成序而写成的。

标题应避免使用不常见的符号，比如化学式、方程式和数学式等，也应避免使用缩略词、非规范性的术语以及商标名。

2.4.2 论文作者及工作单位

作者是指参与论文的选题，并参加具体研究工作，对论文的主旨内容进行构思并具体执笔撰写的主要贡献者和对论文内容能承担责任的法定责任人。

凡是对完成论文做出贡献的课题组成员都可以是论文的作者。当作者为两个以上时，署名按对论文做出贡献的大小来排序。排在前面的人对论文的贡献最大,同时对论文所负的责任也最大。

目前,项目负责人往往也是学术带头人或研究生导师,他们对论文做出的贡献最大,对论文所负的责任也最大,但是为了鼓励其学生或者年轻人致力于科学研究,将其学生或年轻人排在前面,把自己排在后面。为了突出他们的贡献和承担的责任,往往把自己作为论文的通信联系人。

论文的作者不但享受论文发表所带来的学术声誉,更需要承担对论文应负的责任。

工作单位是作者从事科研工作的地点和通信地址。作者的工作单位包括单位的具体名称、所在的城市、邮编等,工作单位写在作者姓名之后。

论文的每位作者都有自己的工作单位,相同单位的作者可以共用一个工作单位,如:

面向增材制造的机器人轨迹自动生成技术研究

郑华栋,丛 明,刘 毅,董 航,刘 冬

(大连理工大学 机械工程学院,辽宁 大连 116024)

工作单位不同的作者,需要在作者后面用特定的符号和阿拉伯数字表示,如:

基于多目标结构参数优化的微创手术机器人设计

王 丽[1,2],王瑞强[1,2],赵保亮[2],陈 蓟[3],王 南[1]

(1. 河北工程大学 机械与装备工程学院,河北 邯郸 056038;2. 中国科学院 深圳先进技术研究院 集成所认知技术中心,广东 深圳 518055;3. 暨南大学 第二临床医学院深圳市人民医院,广东 深圳 518055)

2.4.3 摘要与关键词

摘要是科技论文的重要组成部分,是整篇论文主要内容和基本思想的缩影,读者不看文章,只看摘要即可了解全文内容。摘要的撰写必须提纲挈领,内容必须清楚而且不能太过冗长。读者在读完摘要之后若能对于整篇论文有一个清晰的轮廓,此摘要便是一段成功的摘要。

摘要以提供论文内容梗概为目的,不加评论和解释,具有独立性。

一篇论文投到科技期刊,编辑人员和同行评审专家通过摘要判断其价值,再决定是否审阅全文。论文发表后,文献数据库通过摘要判断是否有水平,来决定是否收录。科技人员在查阅文献时,通过摘要看是否有感兴趣的信息,再判断是否阅读全文。一篇高质量的论文,必须要有一篇高水平的摘要。

摘要一般用第三人称,主要包括:研究目的、研究对象、研究方法、研究结果、所得结论和论文的适用范围六项内容。摘要字数是正文的3%~5%,国内期刊论文摘要一般为200~300字左右。

关键词是指从论文题名、摘要、层次标题以及论文内容中挑选出来的能反映论文主题观念的词或者词组,是科技论文文献检索的标识。关键词通常是指这篇论文主要涉及哪些知识,放在摘要与引言之间,一般所列出的关键词为3~5个。

2.4.4　引言

引言是科技论文的开头，也称为前言或者概述。

一篇好的引言犹如一部长剧的序幕，可以使读者了解所研究课题的背景和目前该领域的状况和进展，了解该研究的目的和要达到的目标，了解该研究的意义和前景，以便引起读者阅读全文的兴趣。

一般引言包括以下五个方面的内容：

1）提出研究主题，说明开展该研究工作的理由和目的。

2）提供该研究领域的背景，通过对该研究领域中文献资料的简短回顾，阐明研究现状和存在的问题，明确要达成的研究目标。

3）说明该研究的理论依据和主要采用的研究方法和手段。

4）预示该研究的结果和得出的主要结论。

5）指明该研究的意义和未来的前景。

在这个部分可以提到目前对于这个问题的相关研究成果有哪些？这些相关研究的优缺点有哪些？自己的研究成果与前人的研究成果区别在哪里？最重要的是，提出的方法与他人相比，好在哪里？

2.4.5　正文

正文是科技论文的主体或者核心部分，是作者对科研实践中所获得的数据、结果以及观察到的现象进行综合、分析、推理并上升到理性认识的文字表述。

实验性科技论文包括实验部分、结果与讨论和结论三个部分。

理论性论文包括理论基础与方法、结果与讨论和结论三个部分。

2.4.6　致谢

致谢是指对为作者论文的完成给予帮助的人所表达的必不可少的诚挚谢意，以示对他们付出劳动的肯定和尊重。

致谢一般单独成段，放在文章的最后面，但它不是论文的必要组成部分。它是对曾经给予论文的选题、构思或撰写以指导或建议，对考察或实验过程中做出某种贡献的人员，或给予过技术、信息、物质或经费帮助的单位、团体或个人致以谢意。

感谢对论文的选题、构思、撰写或修改给予指导或提出有价值的意见的人，感谢为论文完成提供测试的单位和个人。

感谢对此项研究工作提供科研基金或者经费资助的单位、团体或个人，例如：此研究为国家自然科学基金资助项目，特表感谢。

2.4.7　参考文献

参考文献是指论文中引用或参考他人已经公开发表的论文，或者已经公开出版的图书，或者已经被批准的专利等有关信息（如作者姓名、标题、发表刊物、出版年、卷、期、页）的一览表。

参考文献是一篇论文的重要组成部分，参考文献可以提供论文的背景、依据和目的，可以揭示论文的起点和达到的高度,可以方便地将作者的研究成果和他人的研究成果区分开来,避免涉抄袭或者剽窃他人成果之嫌,可以为读者查阅相关资料提供方便。

一篇论文的形成必定是由许多文献的知识累积而成的,列出参考文献的目的就是让读者可以容易地找到所参考到的文献,同时尊重他人的知识产权。所列出的参考文献一定是论文中提及的,论文中没有提到的绝对不能出现。参考文献要按照国家规定格式撰写。

思考题

1. 什么是科技论文?
2. 为什么要发表科技论文?
3. 科技论文的基本组成要素有哪些?
4. 科技论文的作者排序依据是什么?
5. 从期刊上找出一篇学术论文,试分析文章的组成,并分别列出标题、摘要和参考文献。

第 3 章

科技文献检索概述

3.1 文献信息资源基本知识

3.1.1 信息、信息资源的概念

随着科技的进步和互联网的发展,人们对"信息"一词已不再陌生。比尔·盖茨在《未来时速:数字系统与商务新思维》中指出:"将您的公司和您的竞争对手区别开来的最有意义的方法,使您的公司领先于众多公司的最好方法,就是利用信息来干出色的工作。您怎样搜集、管理和使用信息将决定您的输赢。"

信息是使人们增加知识和认识事物的客观存在。信息是消息、信号、数据,也被看作经验、知识和资料。信息是维系事物内部结构和外部联系,感知、表达并反映其属性和差异的状态和方式。信息是通过文字、数据和各种信号来传递、处理和表现客观事物特性的知识流等。信息是对客观世界中各种事物的变化和特征的反映,表现事物运动的状态和方式。信息是事物的一种普遍属性,万事万物,从微观世界到宏观世界,从物质世界到人类社会,都能产生信息。信息的表现形式也是多种多样的,如语言、数字、文字、声音、光、符号、图形和报表等。

综合国内外众多信息专家对信息资源概念的不同表述,对信息资源含义的理解主要有广义和狭义之分。广义上,信息资源是指信息和与操作信息有关的人员、物理设施、资金、技术和运行机制等的总称。狭义上,信息资源是指人类社会活动中大量积累的并经过选择、组织、有序化的有用信息的集合,包括印刷品、电子信息和数据库等。

信息资源是一种动态的、可再生的资源,是社会进步和发展的产物,是人类在生产实践和科学实验中不断产生和积累的知识,随着时间的推移,呈现出不断丰富和增长的趋势。

3.1.2 科技文献信息的类型和特点

科技文献信息是人们从事生产活动和科学研究的记录。科技文献内容丰富、数量庞大，是最具有参考利用价值的信息资源。按照不同的分类标准可以将科技文献划分不同的类型。

1. 按加工深度划分

按照科技文献信息在其产生及传播过程中被加工程度的不同，可将其分为四个层次，即零次文献、一次文献、二次文献和三次文献。

零次文献，就是未经公开的原始记录，或未正式出版的各种资料，如书信、手稿、笔记、会议录、各种科学研究工作中的实验记录、工作日志和阶段总结报告等。

零次文献一般是通过口头交流、参加学术会议、参观展览、访问科研院所等途径获取，这类信息具有内容新颖、不成熟和不定型的特点。

一次文献是指作者以本人的科学研究、设计和实验等的直接成果为素材而创作或撰写的文献，也称为原始文献，如期刊论文、会议论文、专著、研究报告、专利和学位论文等。一次文献或多或少包含着著者的原创，是对知识的第一次加工（创造性的加工）。其所记载的知识信息比较详细系统，能直接在科研、生产中起到参考和借鉴作用，是科技文献信息的主体，也是获得科技信息的主要来源。

二次文献是指文献工作者将大量分散无序的一次文献进行收集、整理和内容提炼，并按照一定的逻辑顺序和科学体系加以编排存储，形成有序化的可供检索的一种文献形式，如各种目录、题录、文摘以及机读型书目数据库和网上搜索引擎等。二次文献的生成过程即是对知识信息进行有序化的二次加工过程（有序化的加工），它从不同的深度揭示和报道了一次文献，是检索、利用一次文献的主要工具。

三次文献是指专家学者根据特定的需求，利用二次文献检索搜集大量相关的一次文献，并运用科学的研究方法对其内容进行深度加工（对知识的再加工以及有序化），经过综合、分析和述评而整理编写出的文献。它揭示某种规律性的认识，为教学、科研人员和决策者选择课题、开发产品、引进技术提供服务，如各种进展报告、动态综述、手册、年鉴和百科全书等。这类文献具有较高的实用价值。

从零次文献、一次文献、二次文献到三次文献，实际上是将文献由无序到有序，由广泛到精简的加工整理过程。

人们在查找文献时，一般是先查找三次文献（比如综述），掌握有关信息后，再通过二次文献查找一次文献，最后从一次文献中学习自己需要的相关知识，掌握自己所需要的信息。

2. 按载体形式划分

印刷型文献是指将信息通过铅印、油印和胶印等手段存储在纸质介质上的一类文献，包括图书、期刊、报纸以及各类印刷资料。

缩微型文献是指以感光材料为存储介质，采用光学摄影技术，将纸张文献的影像缩微固化在载体上的一类文献，包括缩微胶卷和缩微胶片等。具有体积小、重量轻、存储密度高的优点，但要借助缩微阅读器才能阅读，一般大型文献机构使用。

声像型文献是一种非文字形式的文献，也称为视听资料，是以磁性材料或感光材料为载体，采用录音、录像或摄像技术将声音或图像信息直接记录在存储载体上，包括唱片、录音带、录像带、幻灯片和电影片等。声情并茂、形象直观，易被接受和理解，但需要借助专门设备才能使用。

电子型文献是指通过编码、程序设计以及计算机输入等方式，将信息变为数字语言和机器语言并存储在光盘、磁盘和硬盘等介质上而形成的一类文献，主要有单行版电子出版物和网络信息资源两大类，包括电子图书、电子期刊、电子报纸、各种联机信息库、光盘数据库以及网络文献数据库等。这类文献是计算机信息检索的主要对象，具有存储密度高、传输速度快、检索便捷等优势，成为网络时代人们快速、方便获取信息的首选。

多媒体型文献采用计算机、通信、数字、超文本或超媒体方式，将声音、图像、文字和数据等多种媒体信息综合起来，在内容表达上具有多样性与直观性，并且有人机交互的友好界面，是以上数种载体形式的混合型，是一种立体式的信息源。

3. 按出版形式划分

1）图书。凡由出版社（商）出版的不包括封面和封底在内的49页以上的印刷品，具有特定的书名和著者名，编有国际标准书号，有定价并取得版权保护的出版物。科技类图书一般是对已发表的科研成果、生产技术或经验，或某一知识领域做系统的论述或概括，主要包括专著、文集、教科书、普及读物及一些参考工具书等。其特点是内容系统、全面、成熟、可靠，但编辑出版的时间过长，相比于期刊时效性较差。科技类图书不适合了解最新的学术动态，适合想对问题获得比较全面而系统的学习，或对陌生的问题获得确定性的了解。

正式出版的图书均有国际标准书号（ISBN, International Standard Book Number），ISBN是国际标准化组织于1972年公布的一项国际通用的出版物统一编号方法。2007年1月1日起实行新版ISBN，新版ISBN由13位数字组成，分为5段，即在原来的10位数字前加上3位数字的欧洲商品编码（ENA）前缀码"978"，并重新核算最后一位校验码，这样就可以将ISBN与13位ENA统一起来。在文献数据库中ISBN可以作为一个检索字段，从而为用户增加了一种检索途径。

2）期刊。期刊又称为杂志（Journal或Magazine），一般是指定期的或不定期出版的连续出版物。其外部特征是：有固定的名称，统一的版式和外观，使用连续的序号，每期内容汇集了多位作者分别撰写的多篇文章，并由专门的编辑机构编辑出版。

科技期刊按所刊载文献的信息密度可以划分为核心期刊和非核心期刊。某学科的核心期刊是指该学科所涉及的期刊中，刊载论文的信息量大、学术水平高、参考价值大、利用率高的那部分期刊。这类期刊水平质量高、影响面大，能反映本学科最新研究成果及前沿研究状况和发展趋势，较受该学科的读者重视。核心期刊以外的其他期刊称为非核心期刊。

期刊的出版周期短，报道速度快，内容新颖。许多新的研究成果、研究方法、仪器装置以及问题讨论等都首先在期刊上发表。科技人员经常阅读期刊，借以了解动态、吸取成果、开阔思路。正式出版的期刊有国际标准连续出版物编号（ISSN, International Standard Serial Number），根据国际标准ISO 3297制定。一个国际标准刊号由"ISSN"前缀和8位数字（两段4位数字，中间以连字符"-"相接）组成。如：ISSN 1000-4203，其中前7位是期刊的顺序号，最后一位是校验码。

我国正式出版的期刊使用国内统一刊号，以GB 2659所规定的中国国别代码"CN"为识别标志，由报刊登记号和《中国图书馆分类法》（简称《中图法》）分类号两部分组成，结构形式为：CN 报刊登记号/分类号，如：CN 42-1024/G4。国内统一刊号和国际标准刊号共同组成"中国标准刊号"，所有经中国新闻出版管理部门批准，正式登记并且公开发行的期刊都分配有中国标准刊号。

3）报纸。报纸有固定的名称，是以刊登各类新闻为主的出版周期较短的定期连续出版物。报纸具有内容新颖、时效性强、发行量大和影响面宽等特点。由于报纸的出版周期较短，信息传递较及时，各学科的最新信息常常首先在报纸上发表，阅读报纸是搜集最新科技信息的一条有效途径。

4）科技报告。科技报告是指关于某项科研成果的正式报告或记录，是研究单位或个人以书面形式向提供经费和资助的部门或组织汇报其研究成果或进展情况的报告。

5）会议文献。会议文献是指在国内外各专业学术会议上发表的论文和报告。许多学科中的重要发现，很大一部分都是在学术会议上首次公布，会议文献代表某一学科领域的最新成就，反映该学科领域当时的发展水平、动态和趋势，具有传播信息及时，论题集中，内容新颖丰富，专业性和学术性强等特点。会议文献是了解各国科技发展水平和动向的重要文献，因而受到科技界的高度重视，成为重要的文献信息源。

6）学位论文。学位论文是指高等院校、研究机构的毕业生或其他人员为获得学位而撰写的学术性研究论文，是撰写者在参考了大量文献，并进行科学研究的基础上而完成的，因此一般都附有大量的参考文献，从中可以看出有关专题的发展过程和方向。尤其是博士论文，其后的参考文献几乎是某个专题的书目索引，对获取相关文献资料有很大的帮助。

7）专利文献。专利文献包括专利说明书、专利公报、专利分类表、专利检索工具以及专利的法律文件等，其中主体是专利说明书。专利说明书是指专利申请人为取得专利权向专利主管机关呈交的一份有关该发明创造的详尽的书面技术文件，包括发明的目的、构成及效果等。内容新颖、实用、可靠，往往附有发明示意图，是了解及掌握世界发明创造和新技术发展趋势的最佳文献信息源。专利说明书的内容涉及范围广阔，几乎包括了全部的技术领域，可以帮助科研人员借鉴国内外先进技术，避免重复性研究。

8）标准文献。标准文献是技术标准、技术规范和技术法规等文献的总称。它是人们在从事科学试验、工程设计、生产建设、技术转让、国际贸易、商品检验中对工农业产品和工程建设质量、规格及其检验方法等方面所做的技术规定，是具有法律约束性的技术依据和技术文件。按审批机构级别可将标准分为国际标准、国家标准、区域标准、部颁标准和企业标准等。

标准有明确的适用范围和用途，传递的信息准确可靠，编排格式严谨划一，有统一的编号。通过标准可以了解有关国家的工业发展情况，也可以为我国研制新产品、改进老产品和技术操作水平等提供参考和借鉴。

9）政府出版物。政府出版物是指由各国政府部门及其所属的专门机构发表、出版的文件。内容大致可分为行政性文件（如法令、法规等）和科技文献（如科技报告、科普资料等）。政府出版物具有权威性和正式性的特点，集中反映了各国政府及其各部门对有关工作的观点、方针和政策，对了解某一国家的科学技术水平、经济状况及相关政策等具有参考价值。

10）产品资料。产品资料是国内外生产厂商或经销商为了推销产品而印发的以介绍产品为主的出版物，如产品目录、产品说明书、产品数据手册、产品样本和厂商介绍等，包括产品的品种、性能、特点、用途、结构原理、使用方法和价格等。产品资料一般附有较多的外观照片,形象直观、图文并茂,对新产品的选型和设计、技术改造、设备引进等具有重要的参考价值。

11)科技档案。科技档案是生产建设、科技部门和企事业单位针对具体的工程或项目所形成的技术文件、图样、图表、图片和原始记录等,包括任务书、协议书、技术经济指标、审批文件、研究计划、方案大纲、技术措施、调查材料、设计资料、试验和工艺记录以及应该归档的其他材料,是科学研究和生产建设工作中积累经验、吸取教训和提高质量的重要科技参考文献。科技档案主要为内部使用,保密性较强,一般都有密级限制,借阅手续严格。

一般通过参考文献的著录特征来辨别文献的类型。

1)图书的著录特征。显著特征有书名、著者(编者)、出版地、出版社名称、出版年份、版次以及 ISBN 等。最方便用于辨识图书的英文词是 Press、Publication(Pub.)、Publishers。

2)期刊的著录特征。显著特征有作者、论文题名、期刊名称(或缩写)、年(卷、期)、论文在期刊中的起止页码等。常用于辨识期刊的英文词是 Journal(J.)、Transaction(Trans.)等。

3)报纸的著录特征。显著特征有作者、文章名、报纸名称、年月日、所在版面。

4)会议文献的著录特征。显著特征有表示会议或会议录的专门用词(如 Conference、Proceedings 等)、会议召开的地点、届次、时间,会议录的出版社、出版地和出版时间等。

5)学位论文的著录特征。显著特征有表示学位论文的词(如 Dissertation、Thesis)、颁发学位的机构名称以及学位名称(如 Ph.D.、M.S. 等)。

6)科技报告的著录特征。显著特征有表示报告的词(如 Report)以及报告号。

7)专利说明书的著录特征。显著特征有表示专利的词(如 Patent)以及专利号。

8)标准文献的著录特征。显著特征有表示标准的词(如 Standard)以及标准号。

3.1.3　网上学术信息资源的类型和特点

网上学术信息资源的范围非常广泛,其类型也多种多样,按照资源的生产途径和发布范围,大体上可以分为以下三类:

1)正式电子出版物。是由正式出版机构或出版商/数据库商出版发行的,在网上学术信息资源中所占的比例最大,包括各类数据库、电子期刊、电子图书、电子报纸、多媒体资源以及正式出版的特种文献(如会议论文、专利、标准)等。其特点是:学术信息含量高,提供检索系统,便于查找利用。但这类资源的出版成本高,不是面向社会公众免费开放的,用户必须购买使用权才可以使用。一般由图书馆、文献情报中心等机构购买后为其用户提供免费使用。

2)网络免费学术资源。完全面向公众开放使用,包括各种政府机构、商业部门、学术团体、行业协会、教育机构等在网上正式发布的网页及其信息,用于揭示图书馆馆藏资源的联机公共目录查询系统(OPAC)以及开放获取资源等。

开放获取资源(Open Access Resources)简称 OA 资源,是网络免费学术资源的主体,指作者和版权所有者授权所有用户免费、广泛和长期访问使用的学术资源。任何用户出于合法目的都可以对开放获取的文献做阅读、下载、复制、传递、打印、检索以及超链接等方式的自由使用，只是需要保证文献的完整性并注明引用信息。

开放获取期刊（Open Access Journal）是OA资源的一个主要类型，它是指任何经过同行评审，以免费方式在互联网中提供用户使用的电子期刊，如美国的科学公共图书馆（PLoS，The Public Library of Science）出版的《PLoS Biology》《PLoS Medicine》等学术期刊。

OA作品发表后以一种标准的数字格式存储到在线仓储中，由大学、研究所、学会/协会、政府部门等机构支持，称为OA仓储（Archive）或者机构知识库（Institutional Repository），如美国加州洛斯·阿拉莫斯（Los Alamos）国家实验室建立的arXiv电子预印本文档库、麻省理工学院机构库、香港科技大学机构库、厦门大学学术典藏库等。

网络免费学术资源的主要特点是信息发布及时、传递速度快、出版费用低廉、检索方便，而且便于传递和刊载大量的数据和图片信息，使研究成果更容易被理解、使用。这类资源主要依靠搜索引擎/分类指南、网络资源学科导航等工具进行查找和利用。

3）特色资源。主要指各教育机构、政府机关、图书馆、学术团体、研究机构基于自身的特色收藏或围绕地方特色及学科优势搜集相关资源所制作的信息数据库。在一定范围内分不同层次发行，不完全向公众开放，有时需要特别的申请，如高校自建的学位论文数据库、学术成果数据库等，只在校园网内允许使用。

3.2 文献信息检索

面对数量庞大、种类繁多、形式多样的文献信息，要有效地进行查找，必须了解文献信息检索的基本知识、基本原理，以及文献信息检索的基本方法与步骤。

3.2.1 检索的概念

1. 检索的定义

依据一定的方法，从已经组织好的大量有关文献信息集合（检索系统或数据库）中，查找出特定文献信息的过程，就是检索。

广义的"检索"概念应包括两个方面：其一，文献的组织者将文献信息按照一定的原则和方式组织及存储起来，建立起的文献信息集合；其二，信息用户根据自己的信息需求，在已建立的文献信息集合中查找出有关信息。

2. 检索的原理

文献信息检索的全过程是文献信息存储与检索。文献检索原理图如图3-1所示。

存储是指对一定数量的能够揭示文献特征的信息（或者是从文献中摘出的知识、信息）进行组织、加工和整序，并将之存储在某种载体上，建立起的文献信息集合。

检索是根据特定的需要，利用一定的文献信息集合和检索手段（即通过计算机进行检索），把所需要的文献线索（或文献本身，即全文）或知识信息从检索系统（或检索工具）中查找出来。

存储是进行检索的前提和基础，检索是存储的逆过程，必须按照存储的同一思路，采用相同的方法进行，就是"怎么放进去的，就怎么取出来"。

3. 检索的本质

信息检索的本质是用户的需求即提问词（检索词或检索表达式）与文献信息集合中的

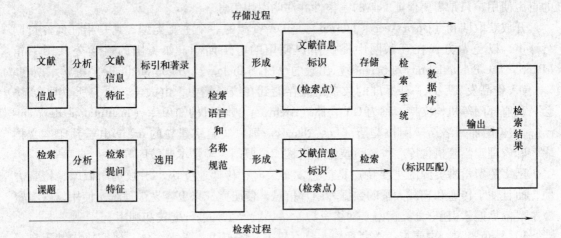

图 3-1 文献检索原理图

标引词的比较与选择，以及匹配的过程。

当提问词与标引词匹配一致时，即为命中，检索成功。

4. 检索点（检索途径或检索字段）

每条文献信息都包含外部和内部的特征，这些特征可以用来作为检索的出发点和匹配的依据，称作"检索点"，如文献的名称、著者、代码、分类和主题等。

5. 检索的手段

检索是通过检索系统（或检索工具）来实施的，按信息的存储介质和技术手段来分，检索系统有两种：手工检索系统和计算机检索系统。

1）手工检索系统（简称手检），使用一些书本型的检索工具，检索过程是由人脑和手工操作的配合来完成的，匹配是由人脑的思考比较和选择进行的。

2）计算机检索系统（简称机检）包括计算机设备、终端、通信设施、数据库和检索应用软件等。检索是针对数据库进行的，检索过程是在人和机器的协同作用下完成的，从计算机存储的大量数据中自动分拣出用户所需要的信息。匹配是由机器执行的，人是整个检索方案的设计者和操纵者。检索的本质没有变，变化的只是信息的存储媒介和匹配方法。

6. 检索的类型

文献信息检索按其检索的对象不同，一般可分为书目检索（或全文检索）和数据与事实检索。

1）书目检索（或全文检索），是以文献线索或文献原文为检索对象，检索结果是要查找出有关的一系列文献。如：查找出近三年有关"航天飞机"方面的文章等。

2）事实与数据检索，是以事实和数据为对象，检索结果是可以直接利用的信息，有与无，是与非，具体的数字等。如："航天飞机"是哪个国家最先制造的？"航天飞机"的飞行高度是多少？

3.2.2 检索语言

检索就是"匹配"，是通过检索语言的匹配过程实现的，它是沟通信息存储和信息检索的桥梁，也是信息用户的信息获取全过程得以实现的保证。

检索语言的概念，就是组织文献与检索文献时所使用的语言。

当文献存储时，文献的内容特征（如分类、主题）和外表特征（如书名、刊名、篇名、号码、著者等）按一定的语言来加以描述；检索文献时的提问也按照一定的语言加以表达。这种在文献的存储和检索过程中，共同使用、共同理解的语言就是检索语言。

从不同的角度可以将检索语言划分为不同的类型，当按对信息特征的描述来分类时，检索语言类型图如图3-2所示。

按照描述信息内容特征而划分的"分类语言"和"主题语言"是最主要的检索语言。

图3-2　检索语言类型图

1. 分类语言

分类语言也称为分类法，基本原理是用号码作为表达主题概念的标识，以知识分类为基础，将主题概念组织、排列成系统，以系统固有的结构显示主题概念之间的关系。分类法的主要特点是以学科与专业为中心集中文献，具有良好的系统性。对于检索者来说，便于从学科专业的角度来检索文献，随时放宽或缩小检索范围，提高检索效率。分类语言一般都用一定的分类标记（分类号或者分类类目）来表达和描述，简单明了，最典型和常用的就是《中国图书馆分类法》（简称《中图法》）。

《中图法》由国家图书馆组织编辑，是我国图书信息界为实现全国文献资料统一分类编目而编制的一部大型文献分类法。《中图法》有5大部类、22个基本大类。部类的设置采取五分法，即"马列主义、毛泽东思想、邓小平理论"作为一个基本部类列于首位，以体现整部分类法的指导思想；对于一些内容涉及面广，部类无专属的文献统归为"综合性图书"，作为一个基本部类列于最后；"哲学、宗教""社会科学"和"自然科学"按其知识的逻辑关系列为三大部类予以排列。其中社会科学和自然科学这两个部类的内容很多，发展很快，因此在"社会科学"部类下展开9个大类，"自然科学"部类下展开10个大类，以满足文献分类与文献检索的需要。《中图法》类目结构图如图3-3所示。

分类号标记制度采用汉语拼音字母与阿拉伯数字相结合的混合制号码，以字母顺序反映大类的序列。对类目的排列采用不同的字体和行格等形式来表示类目之间的关系。

如何体现分类语言在检索中的作用呢？例如，准备开始对有关"数字图书馆"方面的知识进行学习，最有效的方法就是首先查找相关的书籍进行阅读，那么图书馆是否收藏了相关的图书呢？通过《中图法》（如图3-4所示的G类有关结构图），确定相应的分类号是G250.76，也就是说，按照《中图法》的类目划分，有关"数字图书馆"的学科类目分类号为G250.76，然后在馆藏书目检索系统中，将G250.76作为检索词输入到分类号检索点中，凡是属于分类标引为G250.76的图书都会被查找出来。

2. 主题语言

主题语言，是用自然语言中的名词、名词性词组或句子描述文献所论述或研究的事物概念（即主题）。文献的主题是文献研究、讨论、阐述的具体对象或问题。它可以是自然现象、社会生活现象，也可以是各种学科、人物、事件和地区。主题语言的特点就是直接用语词来表达各种概念。检索者不必从知识体系的角度去判断所需要的文献属于什么学科，只要

```
5大部类                                    22大类
马克思主义、列宁主义、毛泽东思想、邓小平理论 —— A、马克思主义、列宁主义、毛泽东思想、邓小平理论
哲学、宗教 —————————————— B、哲学、宗教
                                    ⎧ C、社会科学总论
                                    │ D、政治、法律
                                    │ E、军事
                                    │ F、经济
社会科学 ——————————————⎨ G、文化、科学、教育、体育
                                    │ H、语言、文字
                                    │ I、文学
                                    │ J、艺术
                                    ⎩ K、历史、地理
                                    ⎧ N、自然科学总论
                                    │ O、数理科学和化学
                                    │ P、天文学、地理科学
                                    │ Q、生物科学
自然科学 ——————————————⎨ R、医学卫生
                                    │ S、农业科学
                                    │ T、工业技术
                                    │ U、交通运输
                                    │ V、航空、航天
                                    ⎩ X、环境科学、劳动保护科学（安全科学）
综合性图书 ————————————— Z、综合性图书
```

工业技术"T"下，又划分为以两个大写的汉语拼音字母组成的16个二级类目。

```
                                    ⎧ TB、一般工业技术
                                    │ TD、矿业工程
                                    │ TE、石油、天然气工业
                                    │ TF、冶金工业
                                    │ TG、金属学与金属工艺
                                    │ TH、机械、仪表工业
                                    │ TJ、武器工业
                                    │ TK、能源与动力工程
T、工业技术 ——————————⎨ TL、原子能技术
                                    │ TM、电工技术
                                    │ TN、电子技术、通信技术
                                    │ TP、自动化技术、计算机技术
                                    │ TQ、化学工业
                                    │ TS、轻工业、手工业、生活服务业
                                    │ TU、建筑科学
                                    ⎩ TV、水利工程
```

图3-3 《中图法》类目结构图

根据课题研究的对象，直接用能表达、描述文献内容的主题词去检索即可。

主题语言的主要类型如下：

1）主题词法。它是以经过规范化处理的自然语言语词的概念组配来表达主题概念的一种主题法。所谓规范处理就是要按照某种规则来选取表达事物概念的词语，如，一般是要按照相应的《中国分类主题词表》来确定主题词。

2）关键词法。它是指文献的题目、摘要乃至正文部分出现的具有实质意义的语词，也就是说它是直接以文献中的语词来表达主题概念，一般不进行词汇控制，检全率较低。

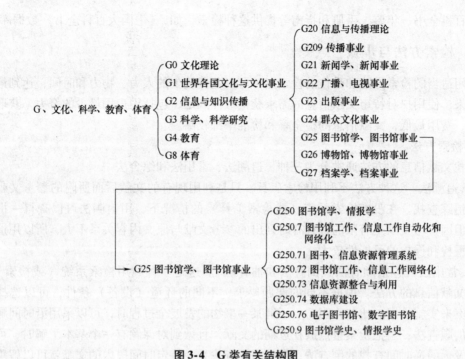

图 3-4 G 类有关结构图

利用主题语言进行文献检索的过程是首先要对研究课题进行主题分析，找出代表文献内容的主题，对照主题词表选择专指度最强的主题词，然后用这个（些）主题词与检索系统（或检索工具）中已存储的相应的主题词去进行比较及匹配，最后获得检索结果。如，未规范的词语检索，在检索"计算机维修"时检索出的结果只有文献 A：计算机维修，检索"电脑维修"时检索出的结果只有文献 B：电脑维修，但词语进行规范化后，标引人员将"电脑维修""计算机维修"都标引为"计算机维修"，用户在检索"计算机维修"时会同时检索出文献 A 和文献 B。

3.2.3 检索系统（数据库）

只有经过组织的有序信息集合（检索系统或数据库）才能提供检索。因为，编排组织与检索查询有对应的关系，所以，了解一个信息系统的组织方式也就找到了检索的根本方法。

检索系统就是人们对文献信息进行存储的结果，它是用来报道、存储和查找文献信息的系统。不同检索系统揭示文献信息的角度、广度和深度有所不同。检索系统从功能上划分有两种类型：书目检索（或全文检索）系统和事实与数据检索系统。

1）书目检索系统，提供对参考文献的检索。检索结果往往是一些可提供研究课题使用的参考文献线索，用户可以根据给出的收藏信息去获取文献原文。如果是全文数据库，用户也可以直接得到全文。书目检索依然是一种相关性的检索，其相关性表现在获得的信息对研究课题的参考价值上，如，国家图书馆目录检索系统、超星电子图书全文数据库。

2）事实与数据检索系统提供事实、数据等信息的原始资料，它是一种确定性的检索。

词典、百科全书、年鉴、手册和指南等提供这种检索，如，《中国大百科全书》数据库。

3.2.4 检索方法与步骤

采用适当的检索方法和最佳的检索点，可以花费较少的人力、物力和时间，达到最佳的检索效果，使用户对特定文献信息的需求获得最佳满足，包括用户用最少的努力，获取的速度最快、费用最低，文献信息的检全率和检准率都较高。

1. 检索方法

查找文献信息的方法通常分为三种：追溯法、常用法和综合法。

1）追溯法。这种方法不利用检索工具，只是利用现有的文献后面所附的参考文献逐一地进行追踪查找。在没有检索系统（或检索工具）的情况下，用追溯法可以查得一批有关文献。但因参考文献是有限的，且有时列出的参考文献与原文内容关系不大，所以用追溯法查找时漏检和误检的可能性较大。

2）常用法（包括顺查法、倒查法和抽查法）。这是一种利用检索系统（或检索工具）来查找文献信息的方法。根据不同的课题要求、不同的环境（设备）条件，可以选择最适当的方案来实施检索。比如，当需要了解某一事物的发展全过程时，可以采用沿时间顺序由远及近的顺查法；当把检索重点放在近期的文献，且做到对课题有一个基本了解时，可以采用由近及远的逆时间查找的倒查法；当只需要查找某一特定时间段内的文献就可以解决问题时，也可采用抽查法。

3）综合法。综合法是追溯法和常用法的综合。既使用检索系统（或检索工具）做常规检索，又借助于文献后面所附的参考文献做追溯查找，这样交替循环地进行，获得对课题的较全面、较准确的解答。

2. 检索步骤

要完成一个课题的检索，需要一个过程，如图3-5所示。

分析课题要求首先要弄清楚通过检索要解决的实质问题是什么，课题的学科范围、主题概念以及各概念之间的关系，所需要查找问题的时间界定，所需文献信息的类型；所需文献信息对查新、查准、查全和检索速度的要求等。

1）选择检索系统。一个计算机检索系统通常可提供多个可检索数据库。要考虑的主要问题是：从内容上和时间上，检索系统或检索工具对课题的覆盖和一致性。

2）检索点（检索途径、检索字段）的确定。检索点是检索的入口，不同的检索入口有相应的检索路径，称作检索途径，在计算机检索时，常常被称为检索字段。根据文献的内容特征和外表特征，主要有以下检索点（检索途径、检索字段）：

① 分类途径。从文献信息所属的学科类别出发来检索，依据可参照的分类体系，如《中图法》，或数据库中

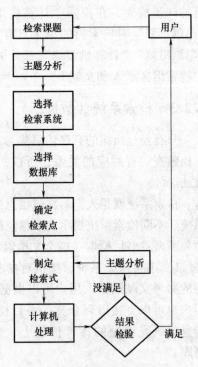

图3-5 检索步骤图

的"分类导航"。这是一种典型的族性检索,检全率较高。

② 主题途径。从文献信息内容相关的主题词出发来检索,依据可参照的词表,如《汉语主题词表》,或数据库中的"主题词索引",也可以是非规范词(自由词,如关键词)。这是一种典型的特性检索,检准率较高。

③ 著者途径,从个人著者或团体著者(机构名)出发来检索。

④ 名称途径,从各种文献的名称,如书名、刊名、会议名等出发来检索。

⑤ 号码途径,从文献特有的号码、代码出发来检索,如专利文献的专利号、科技报告的报告号和标准文献的标准号等。

在计算机检索系统中,检索点有很多,几乎文献的每一个特征(字段)都可以作为检索点。要根据课题的要求、已知信息特征和检索系统的情形,综合确定。

3) 检索表达式的制定。检索表达式分为两种:简单表达式和复合表达式。

① 简单表达式。指单独使用一个检索词所进行的检索。一个检索词指一位著者姓名、一个主题词(关键词)、一个分类号、一个题名(书名、刊名、篇名)等单个信息标识。

② 复合表达式。指由两个或两个以上的检索词进行检索时,它们之间的"关系"要用特殊的逻辑关系构成。连接检索词(点)构成检索式,有逻辑运算符、位置运算符、截词运算符和检索字段符。最常用的是逻辑运算符,也叫作布尔逻辑运算符,用来表示两个检索词之间的逻辑关系,通常有三种:与(AND)、或(OR)、非(NOT)。如有两个检索词A和B,当A"与"B检索时,表示命中结果是A和B的公共部分,使用此运算符将使检索结果范围缩小;当A"或"B时,表示命中的结果是A和B中所有的部分,使用此运算符将使检索结果范围扩大;当A"非"B时,表示命中结果是A中而不含B的部分。

4) 具体的检索操作。在计算机检索系统的检索界面下,选择检索字段,输入检索表达式,开始检索,一步步从数据库中检出所需文献信息。计算机检索的核心是数据库,包括目录数据库、文摘数据库、全文数据库和多媒体数据库等,检索结果会呈现出不同文献层次的文献信息。

3.2.5 检索结果的评价

如果检出的文献信息经过用户的评价并满足了用户的需求,那么对该课题的检索过程就圆满结束。如果用户认为在检全、检准或有效性等指标要求方面没有获得满意效果,那么就应及时调整检索策略,包括重新进行主题分析、调整检索表达式等。

思考题

1. 什么情况下使用分类检索(或主题检索)?
2. 你了解你所学专业的《中图法》分类号及常用的主题词吗?
3. 使用关键词检索对检索结果会产生哪些影响?
4. 在图书馆图书文献阅览区,观察书架上图书的排列顺序,了解图书的排列规则。

5. 通过某一图书的 CIP（中国版本图书馆）数据，掌握图书文献的信息特征标识。

6. 你经常阅读哪些类型的科技文献？

7. 你能够清晰地分辨出图书与期刊的不同吗？到学校图书馆期刊文献阅览区，仔细了解你所学专业的期刊收藏情况，记下 5 种以上本专业学术期刊的刊名（特别注意专业核心期刊）及其主要栏目。翻看其中一种学术期刊，仔细了解学术期刊的结构以及所刊载学术论文的结构。

第 4 章

科技文献检索系统

4.1 不同类型文献信息的检索

4.1.1 科技图书的检索

利用图书馆联机公共目录查询系统（OPAC，Online Public Access Catalogue）查找馆藏图书。读者可以利用计算机网络实现对馆藏图书的查找和借阅。检索结果为图书线索。读者所要做的就是根据自己的需要，在 OPAC 中选择检索途径，输入所要查找的内容，计算机则在书目数据库中寻找与之相匹配的图书并给出结果。读者根据检索结果中的索书号和该书的馆藏位置，到相应的书架上找书，最终获得图书全文。

第一步，登录学校图书馆书目检索系统（http://lib.ustb.edu.cn：8080/opac/search.php）选择检索途径，如图4-1所示（图中题名途径为系统默认的检索途径）。

第二步，在检索词输入框中，输入"文献信息检索"，如图4-2所示。

第三步，单击"检索"按钮后，得到检索结果，如图4-3所示。

第四步，单击罗敏主编的《文献信息检索与利用》题名，查看本书的书目信息详细情况及索书号、收藏地点，如图4-4所示。

根据索书号和该书的馆藏位置，在图书馆工作人员的帮助下或自行到相应的书架上找书，最终获得全文。

利用国家图书馆 OPAC 查找国家图书馆馆藏图书，如，查找能同时满足题名中含有"检索"，作者中含有"罗敏"的图书信息。

第一步，登录国家图书馆主页（http://www.nlc.gov.cn），如图4-5所示。

第二步，单击主页右侧的"馆藏目录检索"按钮，进入 OPAC 界面，如图4-6所示。

第三步，单击右侧的"高级检索"按钮，选择"多字段检索"选项，如图4-7所示；进入多字段检索界面，如图4-8所示，分别在"著者"字段中输入"罗敏"，在"题名"字段中输入"检索"，如图4-9所示，单击"确定"按钮。

第四步，得到检索结果，如图4-10所示。

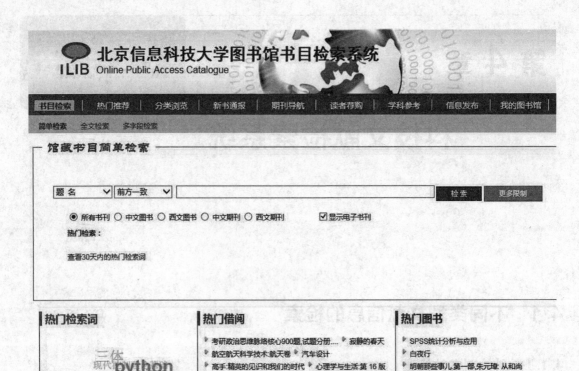

图 4-1　选择检索途径

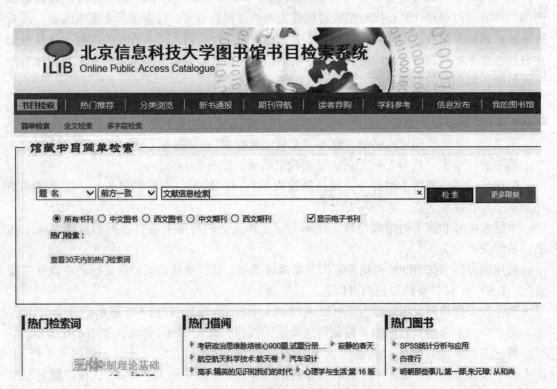

图 4-2　在检索词输入框中输入检索词

图 4-3　检索结果

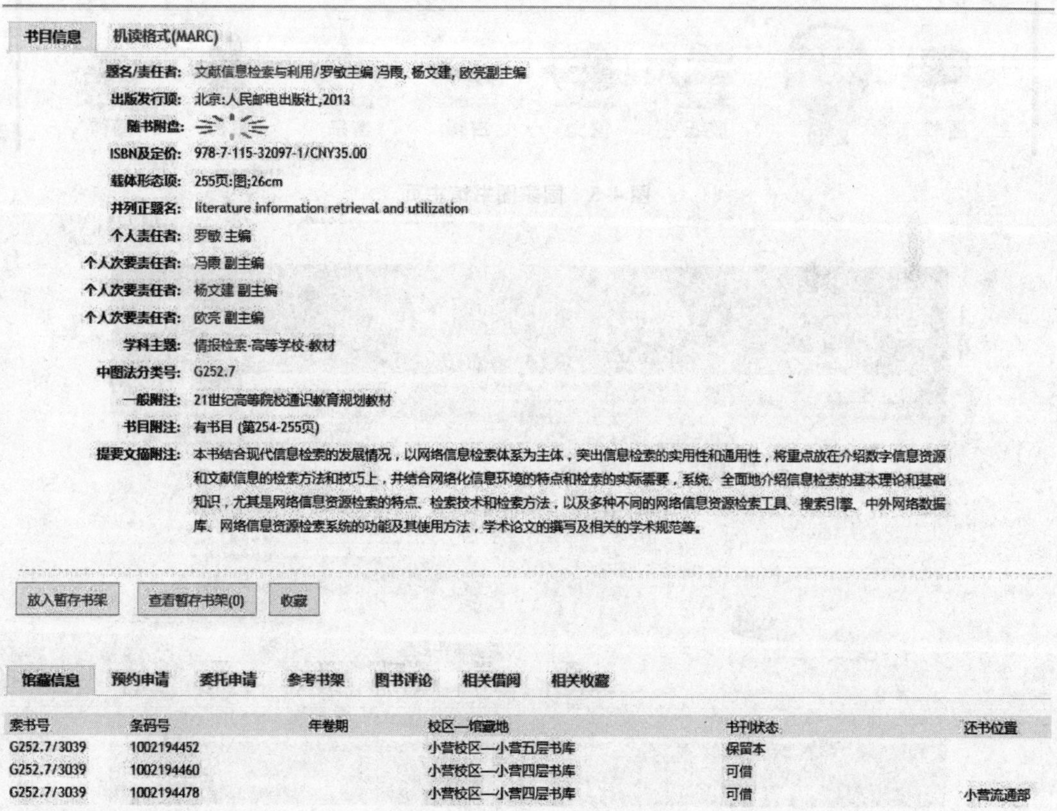

图 4-4　查看书目信息详细情况

图 4-5　国家图书馆主页

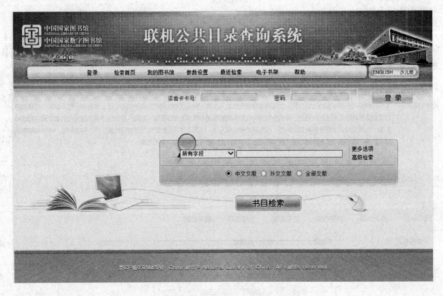

图 4-6　国家图书馆 OPAC 界面

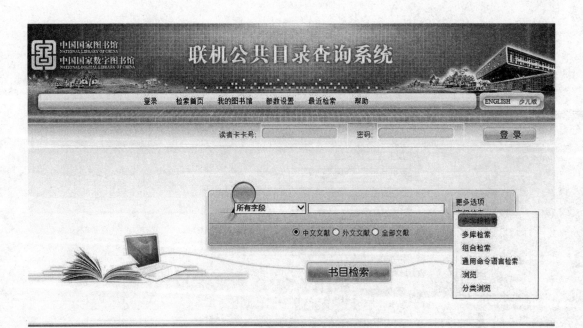

图 4-7 选择"多字段检索"选项

图 4-8 多字段检索界面

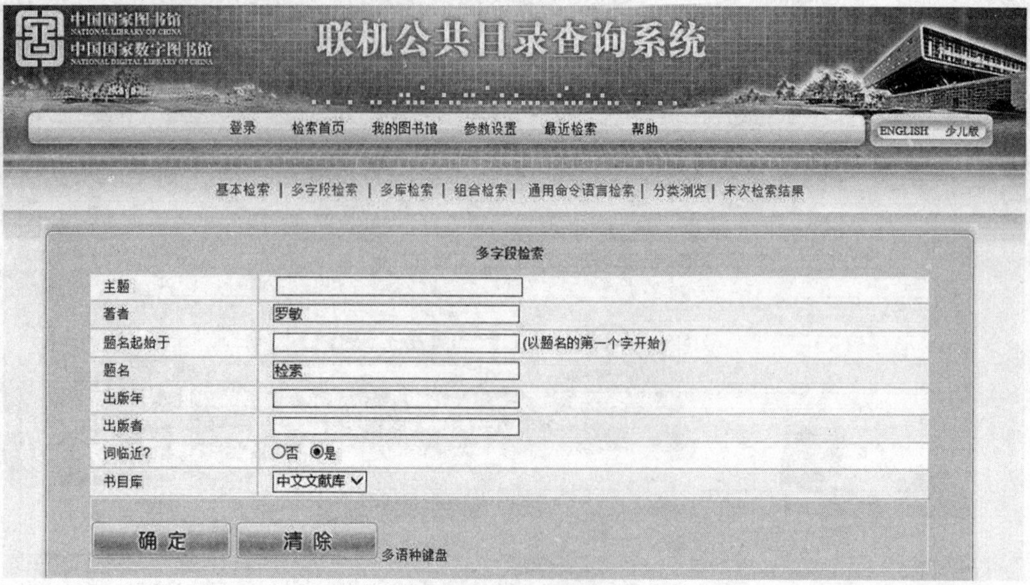

图 4-9 输入检索词

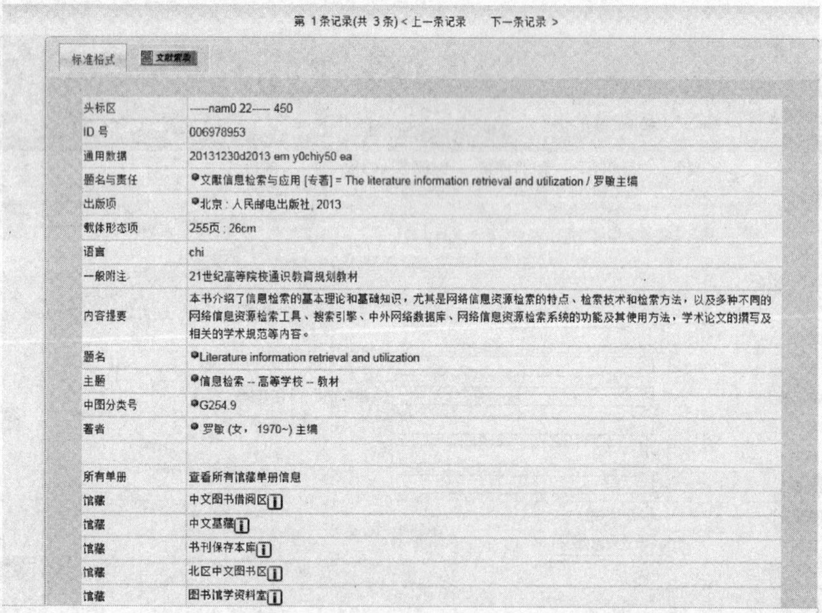

图 4-10 检索结果

第五步，单击"查看所有馆藏单册信息"超链接，获得该书在各个馆藏位置的详细信息、索书号及保存位置，如图 4-11 所示。

利用图书目录进行检索时需要注意如下三点：

第一，检索 OPAC，著者、书名、分类和主题是主要的检索途径。

第二，OPAC 检索界面和检索途径没有统一标准可循，各种机读目录提供的检索界面和

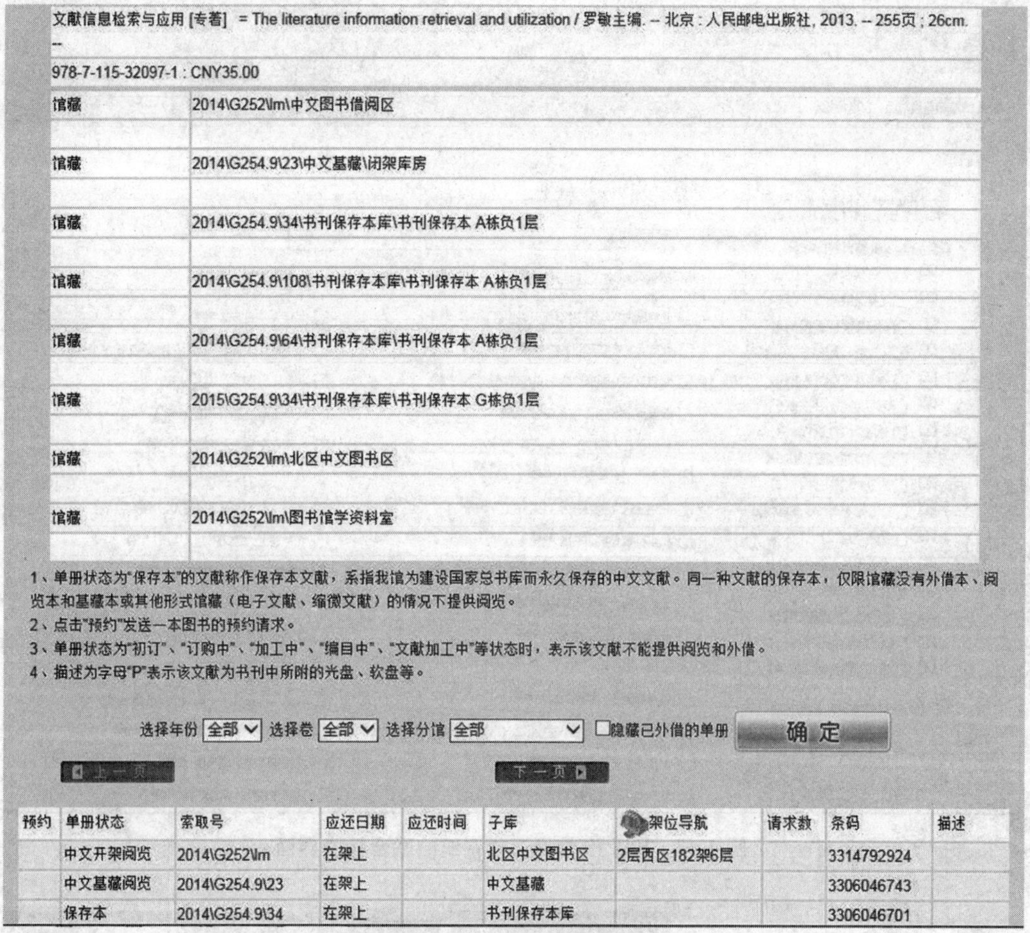

图 4-11 馆藏信息界面

检索途径都有所不同,有的 OPAC 图书检索系统只提供简单检索。国家图书馆的 OPAC 图书检索系统既提供简单检索,也提供复合检索(多字段检索或组合检索)。

第三,从主题途径或从分类途径进行检索时,需要输入规范化的主题词或分类号(或类目),即输入的主题词或分类号(或类目)必须和检索系统中使用的主题词和分类号(或类目)相一致。因此,在使用分类检索或主题检索前,应掌握相关的主题词和分类号。

利用北京地区高校图书馆文献资源保障体系(BALIS,Beijing Academic Library & Information System)馆际互借服务查找其成员馆的馆藏图书,如图 4-12 所示。

利用中国高等教育文献保障系统(CALIS,China Academic Library & Information System)联合目录数据库查找其联盟图书馆的馆藏图书,如图 4-13 所示。

利用联机计算机图书馆中心(OCLC,Online Computer Library Center,Inc.)的 WorldCat 数据库(http://firstsearch.global.oclc.org/FSIP)查找世界范围图书馆的馆藏图书。

利用数字图书馆查找图书全文。

例如,利用北京超星数图信息技术有限公司的汇雅电子图书全文数据库检索有关"信息检索"方面的图书(阅览图书前需先下载"超星阅读器")。

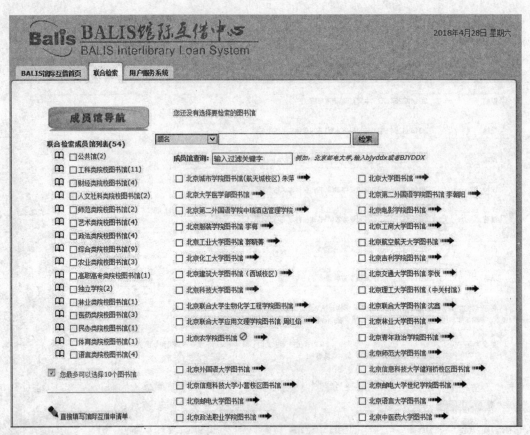

图4-12 BALIS馆际互借系统的联合检索界面

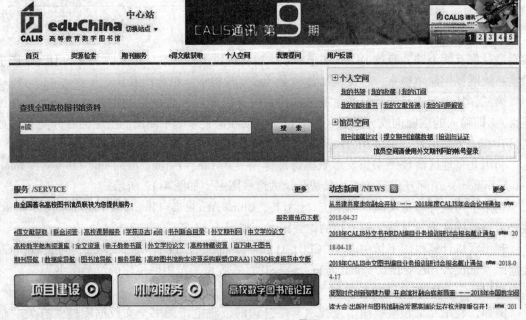

图4-13 CALIS界面

第一步,进入汇雅电子图书全文数据库检索界面(www.sslibrary.com),如图 4-14 所示。

图 4-14　汇雅电子图书全文数据库检索界面

第二步,在主页左侧"图书分类"中单击具体类目,在下面选择子类,在确定的子类中选择合适的图书,如图 4-15 所示,再单击图书信息下方的"阅读器阅读"按钮,阅读器会自动弹起,便可阅览图书全文。

或在其检索系统中选择给定的检索字段(包括书名、作者、目录、全文检索)后输入检索内容,如选择"书名"字段后输入"信息检索",如图 4-16 所示。

第三步,选择龚斌、宋茜主编的《信息检索》,单击"阅读器阅读"按钮,显示该书中的目录,如图 4-17 所示。

第四步,任选某页,进行全文阅览,如图 4-18 所示。

第五步,单击鼠标右键,在弹出的菜单中对全文阅览进行其他操作,包括前后翻页、缩放、下载图书和打印等,如图 4-19 所示。

4.1.2　科技期刊论文的检索

1. 中文科技期刊全文检索

利用中国知网中的中国期刊全文数据库查找期刊论文全文。

中国期刊全文数据库是中国知网(CNKI)中最重要的组成部分,是目前世界上最大的连续动态更新的中国期刊全文数据库,收录国内 11015 种学术期刊的全文,内容覆盖自然科学、工程技术、农业、哲学、医学和人文社会科学等各个领域,全文文献总量达 6318 多万

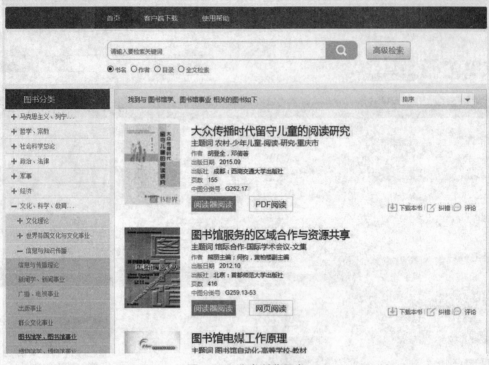

图 4-15　分类浏览图书

图 4-16　图书检索

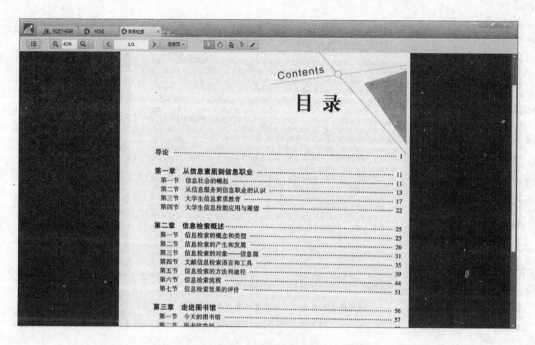

图 4-17 图书目录

图 4-18 阅览全文

篇。分为十大专辑：基础科学、工程科技Ⅰ、工程科技Ⅱ、农业科技、医药卫生科技、哲学与人文科学、社会科学Ⅰ、社会科学Ⅱ、信息科技、经济与管理科学。十大专辑下分为177个专题。收录年限从1915年至今（部分刊物回溯至创刊）。

文献在数据库中是以"记录"存在的，文献"检索"后获得的是与检索词相关的"记

图 4-19 全文阅览的其他操作

录集"。一个记录,包含着文献的若干字段,文献类型不同,记录描述字段也有所不同。对于一篇期刊论文来说,主要包含期刊外部特征和内容特征两大类。外部特征主要有:期刊名称、出版号、出版年、卷、期、页码等,内容特征主要有:标题、摘要、关键词、主题等信息。要检索一篇或一批文献,常用的有两种方式:一框式检索和高级检索;下载的全文格式也有两种:CAJ 或 PDF(要阅读 CAJ 格式的全文需先下载 CAJ 浏览器,在 CNKI 主页的最下方单击"CAJViewer 浏览器"即可)。

检索方法:

通过 http://www.cnki.net 登录中国期刊网,进入主页后可进行跨库检索,即在界面上方的"检索框"中输入检索词,对所有数据库进行一站式检索;也可以直接单击"学术期刊",进入中国学术期刊网络出版总库进行单库检索,如,全文获取题录、文摘全文。

CNKI 主页如图 4-20 所示。默认为"文献检索"的途径(此"文献"包括各种文献类型,如期刊、博硕士论文、会议文献等),包括:主题、关键词、篇名、全文、作者、单位、摘要、被引文献、中图分类号和文献来源,如图 4-21 所示。

由于不同的文献类型具有各自不同的文献特点,所以它们各自都有异于其他文献类型的检索途径,如期刊文献的检索途径除文献所共有的主题、关键词和篇名等检索途径外,还有自己所独有的刊名、ISSN 等检索途径,如图 4-22 所示。

再如博硕士论文,也有导师、学位授予单位等检索途径,如图 4-23 所示。

这里以期刊文献类型为例介绍其过程。

例如:通过主题途径检索有关科技文献检索方面的文章(主题检索是同时在题名、关键词和摘要三个字段中进行的)。

科技文献检索系统 第4章

图 4-20　CNKI 主页

选择检索途径（主题途径），输入检索词（科技文献检索）进行检索。

主题	主题	主题
关键词	关键词	关键词
篇名	篇名	题名
全文	全文	全文
作者	作者	作者
单位	单位	导师
摘要	刊名	第一导师
被引文献	ISSN	学位授予单位
中图分类号	CN	摘要
文献来源	基金	目录
	摘要	被引文献
	被引文献	中图分类号
	中图分类号	学科专业名称
	DOI	
	栏目信息	

图 4-21　文献的检索途径　　图 4-22　期刊文献的检索途径　　图 4-23　博硕士论文的检索途径

主界面为一框式检索，简单快捷，类似传统的搜索引擎，如图 4-24 所示。

或单击界面右侧的"高级检索"按钮，如图 4-25 所示。

进入"高级检索"界面，可以增加检索途径，检索词之间可以用"并且""或者""不含"来连接，并且可配置各种检索条件，如图 4-26 所示。

CNKI 的一框式检索，会对所输入的短语进行一系列分析，更好地预测出检索意图和检

图4-24 "一框式检索"界面

图4-25 单击"高级检索"按钮

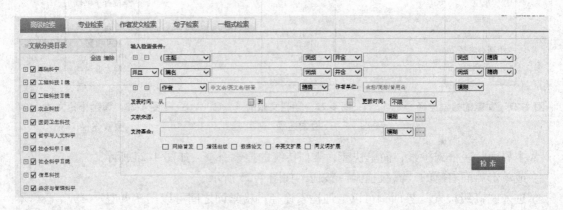

图4-26 "高级检索"界面

索需求，给出更准确的检索结果。当输入科技文献检索这几个字时，系统会自动出现和科技文献检索相关联的检索热词，无须再次手工输入，就能够快速定位检索词，如图4-27所示。

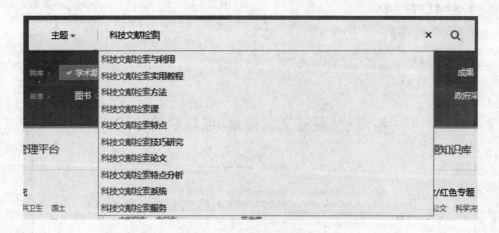

图4-27 相关联的检索热词

输入检索词后单击"检索"按钮，出现检索结果，通过对检索结果的浏览可以查找自己需要的文献，如图4-28所示。

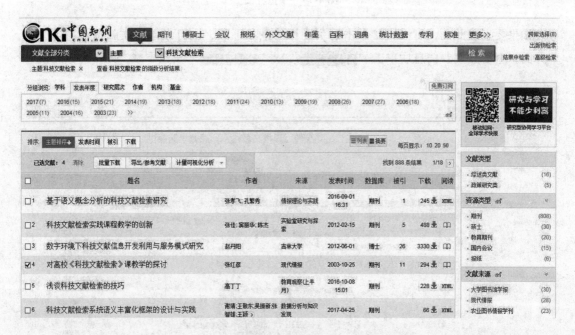

图4-28 检索结果

检索结果可以按照学科、发表年度、基金、研究层次、作者和机构进行分组浏览。对于检索到的文章可以先预览再下载。单击" "按钮，出现"预览"界面，如图4-29所示。

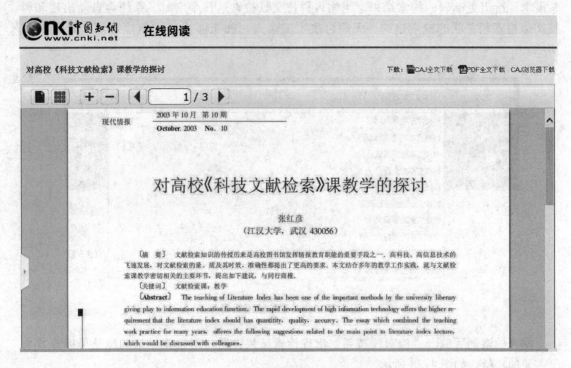

图 4-29 预览界面

如果要下载此文,可以直接单击箭头图标"⬇"下载,也可以单击文献篇名打开知网节界面,查看其摘要信息后单击"CAJ下载"或"PDF下载"按钮下载,如图 4-30 所示。

图 4-30 文献的知网节界面

将下载后的文章放在指定的位置，方便以后随时打开阅读，如图 4-31、图 4-32 所示。

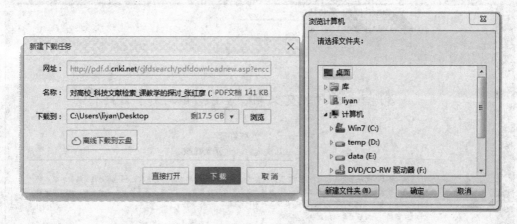

图 4-31　选择文献保存路径

图 4-32　下载文献到指定位置

单击"直接打开"按钮，原文呈现，如图 4-33 所示。

对于所检出的检索结果，如果想要将检索结果的题录保存，以供他用，可在检索结果界面上选择条目进行勾选，单击" 导出/参考文献 "按钮进行保存，并生成检索报告，如图 4-34、图 4-35 所示。

利用万方中的中国学术期刊数据库（www.wanfangdata.com.cn）查找期刊论文全文。

万方中的中国学术期刊数据库是万方数据知识服务平台的重要组成部分，集纳了多种科技及人文和社会科学期刊的全文内容。其中绝大部分是进入科技部科技论文统计源的核心期刊。内容包括论文标题、论文作者、来源刊名、论文的年卷期、中图分类法的分类号、关键词、所属基金项目、数据库名和摘要等信息，并提供全文下载。

收录自 1998 年以来国内出版的各类期刊 8048 种，其中核心期刊 3200 余种，中外期刊论文总数量达 12678 万余篇，每周两次更新。图 4-36 所示为万方数据库主页。

在检索入口直接输入检索词，单击"检索"按钮，出现检索结果后，选择所需的文献，

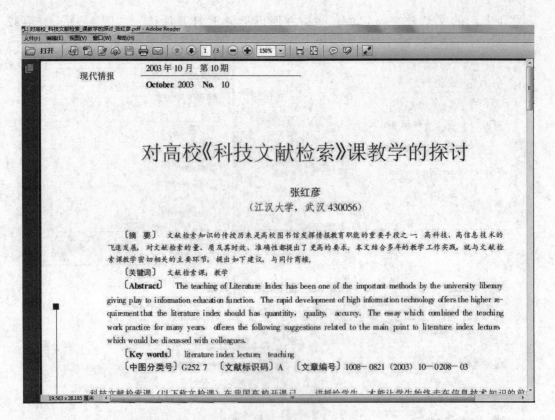

对高校_科技文献检索_课教学的探讨_张红彦.pdf - Adobe Reader

现代情报 2003年10月 第10期

October 2003 No. 10

对高校《科技文献检索》课教学的探讨

张红彦

（江汉大学，武汉 430056）

〔摘 要〕 文献检索知识的传授历来是高校图书馆发挥情报教育职能的重要手段之一。高科技、高信息技术的飞速发展，对文献检索的量、质及其时效、准确性都提出了更高的要求。本文结合多年的教学工作实践，就与文献检索课教学密切相关的主要环节，提出如下建议，与同行商榷。

〔关键词〕 文献检索课；教学

〔Abstract〕 The teaching of Literature Index has been one of the important methods by the university liberary giving play to infomation education function. The rapid development of high information technology offers the higher requirement that the literature index should has quantitity, quality, acurcy. The essay which combined the teaching work practice for many years offeres the following suggestions related to the main point to literature index lecture, which would be discussed with colleagues.

〔Key words〕 literature index lecture; teaching

〔中图分类号〕G252.7 〔文献标识码〕A 〔文章编号〕1008-0821 (2003) 10-0208-03

图 4-33 文献原文

排序：主题排序 发表时间 被引 下载 列表 摘要 每页显示：10 20 50

已选文献：5 清除 批量下载 导出/参考文献 计量可视化分析 找到 888 条结果 1/18

	题名	作者	来源	发表时间	数据库	被引	下载	阅读
□1	基于语义概念分析的科技文献检索研究	张孝飞；孔繁秀	情报理论与实践	2016-09-01 16:31	期刊	1	245	HTML
☑2	科技文献检索实践课程教学的创新	张佳；窦丽华；陈杰	实验室研究与探索	2012-02-15	期刊	5	488	
☑3	数字环境下科技文献信息开发利用与服务模式研究	赵丹阳	吉林大学	2012-06-01	博士	26	3330	
☑4	对高校《科技文献检索》课教学的探讨	张红彦	现代情报	2003-10-25	期刊	11	294	
☑5	浅谈科技文献检索的技巧	高丁丁	教育观察(上半月)	2016-10-08 15:01	期刊		228	HTML
☑6	科技文献检索系统语义丰富化框架的设计与实践	谢靖;王敬东;吴振新;张智雄;王颖 >	数据分析与知识发现	2017-04-25	期刊		66	HTML
□7	浅谈科技文献检索	刘兰	西藏科技	2011-01-25	期刊	2	654	

图 4-34 选择文献条目并导出

如果对检索结果不满意，也可以通过标题、作者和关键词进行二次检索，或者通过资源类型、学科分类、论文发表年份、语种和来源数据库等对检索结果进行进一步的筛选，如图 4-37 所示。

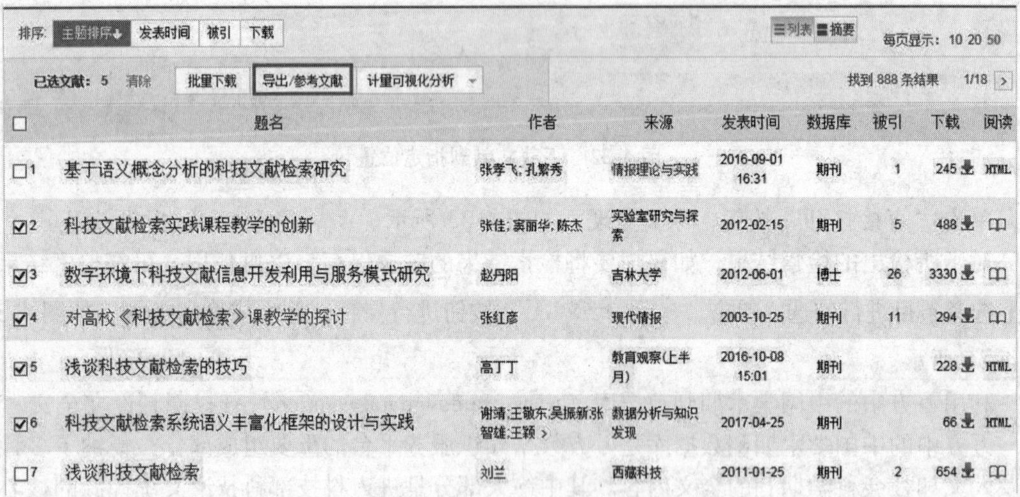

检索报告
2018年4月28日

一、本次检索输入的条件：

检索主题：请输入本次检索报告的主题。   注：主题等带框显示内容可编辑

检索范围：中国学术期刊网络出版总库,教育期刊,中国博士学位论文全文数据库,中国优秀硕士学位论文全文数据库,中国重要会议论文全文数据库,国际会议论文全文数据库,中国重要报纸全文数据库,中国学术辑刊全文数据库

检索年限：不限

检索时间：2018年4月28日

检索式A：

检索式B：主题 = 科技文献检索 or 题名 = 科技文献检索 (模糊匹配)

二、检索结果统计报表：列表模式

检索式A：经筛选，您选择了1条.
[1]张红彦.对高校《科技文献检索》课教学的探讨[J].现代情报,2003,10:208-210.

检索式B：经筛选，您选择了4条.
[1]张佳,窦丽华,陈杰.科技文献检索实践课程教学的创新[J].实验室研究与探索,2012,3102:115-118.
[2]赵丹阳.数字环境下科技文献信息开发利用与服务模式研究[D].吉林大学,2012.
[3]高丁丁.浅谈科技文献检索的技巧[J].教育观察(上半月),2016,510:135-136.
[4]谢靖,王敬东,吴振新,张智雄,王颖,叶志飞.科技文献检索系统语义丰富化框架的设计与实践[J].数据分析与知识发现,2017,104:84-93.

三、对本次检索的方法和结果的自我评价：

根据检索要求，构建了确定的检索表达式，基本实现了对目标文献的查全查准.

四、检索报告执行人：

图 4-35 生成检索报告

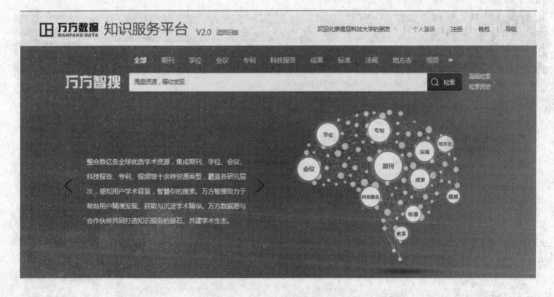

图 4-36 万方数据库主页

当找到所需要的文献后单击文献题名，进入详细信息界面，如图 4-38 所示。单击"下载"或者"在线阅读"按钮，即可获取原文。

当知道多个检索条件时，也可直接进行高级检索，如图 4-39 所示。

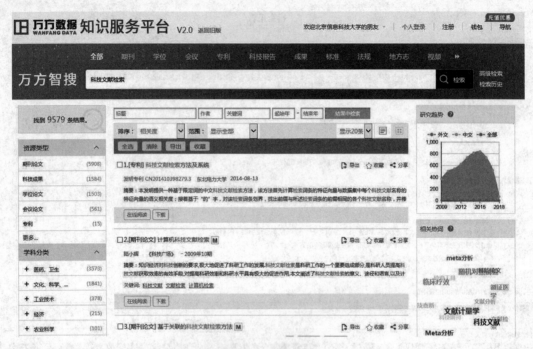

图 4-37　检索结果

图 4-38　详细信息界面

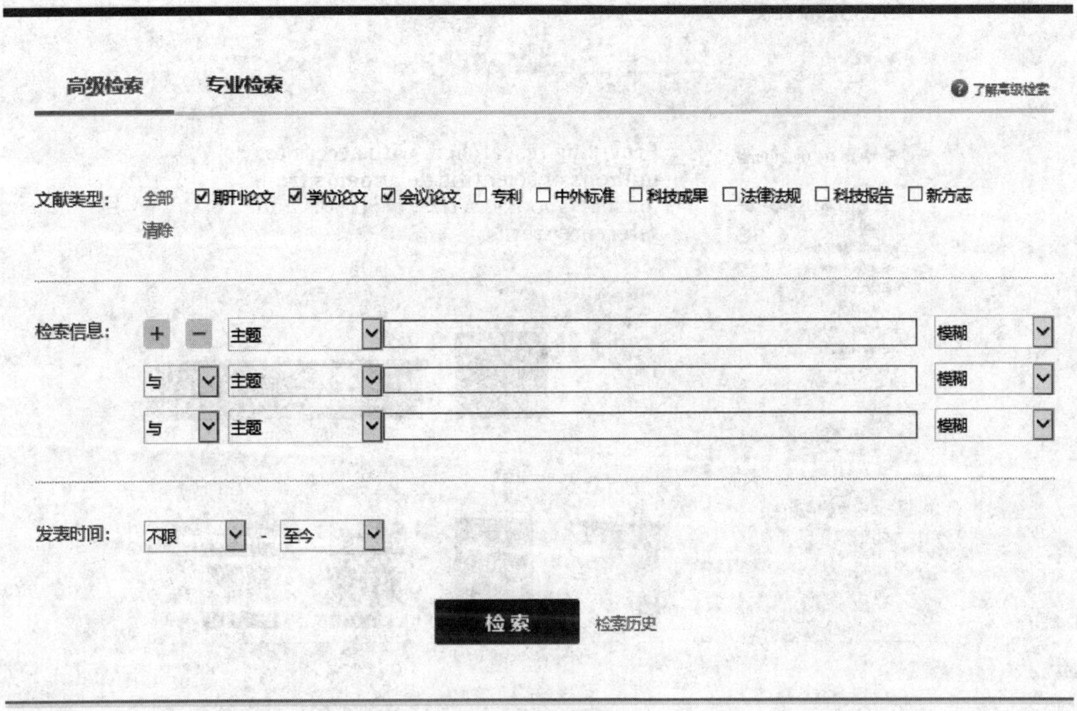

图 4-39 高级检索

2. 外文期刊全文检索

利用 Springer、ScienceDirect、IEL 等外文数据库可以查找外文期刊全文，如图 4-40 所示。

4.1.3 学位论文的检索

学位论文是记载知识信息的一种重要的文献类型。学位论文的检索点包括：论文题目、论文作者姓名、导师姓名、学位授予单位、学位授予时间、学科专业名称、摘要、关键词、分类和全文等。利用中国知网、万方数据资源系统可以获得国内学位论文信息，利用 ProQuest 博硕士论文全文数据库（http://proquest.calis.edu.cn）可以获得国外学位论文信息。

4.1.4 会议文献的检索

学术会议文献是专业技术人员获取最新科技信息的重要文献类型。会议文献的检索点包括：会议主题、会议名称、会议的主办机构、会议召开的时间及地点、论文的题名和论文作者等。利用中国知网、万方数据资源系统可以获得国内召开的各类会议信息，利用工程索引（EI）数据库、会议录引文索引（CPCI）数据库等，可以获得国际会议信息。

4.1.5 专利文献的检索

专利是专利权的简称，专利权是知识产权的一个重要组成部分。通过中国知网、万方数据资源系统等平台进行专利检索，通过中华人民共和国国家知识产权局专利检索系统

图 4-40　Springer、ScienceDirect、IEL 的数据库界面

（http://www.sipo.gov.cn 如图 4-41 所示）、中国专利信息中心（http://www.cnpat.com.cn 如图 4-42 所示）以及 SooPat 专利检索系统（http://www.soopat.com 如图 4-43 所示）都可以检索专利文献。

图 4-41　中华人民共和国国家知识产权局专利检索系统

图 4-42　中国专利信息中心官网

图 4-43　SooPat 专利检索系统

专利检索与学术论文需要通过限制下载和阅读权限来获得收益，专利文献倾向于向公众公开声明，依据相关法律来保证发明人的权益，因此通常专利全文是很容易获得的。读者可以通过上述的几个网站检索专利文献。

4.1.6　标准文献的检索

标准是以科学、技术和实践经验的综合为基础，经过有关方面协商一致，由主管机构批准，以特定的形式发布，作为共同遵守的准则和依据。

由于每个国家对于标准的制定和审批程序都有专门的规定，并有固定的代号，因而标准文献格式规范，标题是内容的主体且文字准确简练，标准文献本身具有自己的检索系统。

标准文献的载体类型分为印刷型与电子型，未来电子型文献将成为标准文献的主要呈现方式。

一份完整的标准文献通常包括以下几个方面：①标准级别；②分类号；③标准号（一般由标准代号、序号、年代号组成）；④标准名称；⑤标准发布单位；⑥批准单位；⑦批准年月；⑧实施日期；⑨标准具体内容。如建筑抗震设计规范的国家标准文献，如图 4-44 所示。

①标准级别（GB）；②分类号（国际标准分类号：75.100，中国标准分类号：E34）；③标准号 [GB 11120—2011，一般由标准代号（GB）、序号（11120）、年代号（2011）组成]；④标准名称（涡轮机油）；⑤标准发布单位（中华人民共和国国家质量监督检验检疫总局中国国家标准化管理委员会）；⑥批准单位（中国国家标准化管理委员会）；⑦批准年月（2011-12-05）；⑧实施日期（2012-06-01）；⑨标准具体内容（如图 4-45～图 4-50 所示）。

检索标准文献可以使用国家标准文献共享服务平台 http://www.cssn.net.cn 查询。

国家标准文献共享服务平台以国家标准馆资源作支撑。国家标准馆是我国唯一的国家级标准文献、图书、情报的馆藏、研究和服务机构，隶属中国标准化研究院，是国家标准化管理委员会的基础信息支撑机构。国家标准馆是国家标准文献中心，是我国历史最久、资源最全、服务最广、影响最大的权威性标准文献服务机构。

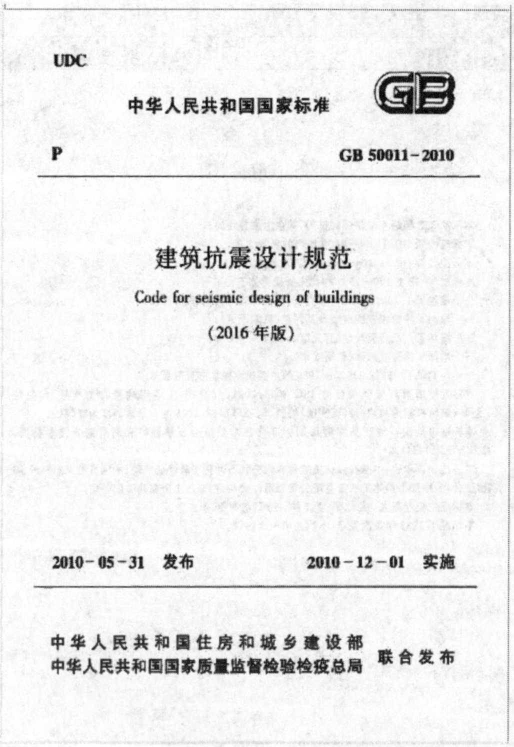

UDC

中华人民共和国国家标准 GB

P GB 50011-2010

建筑抗震设计规范

Code for seismic design of buildings

（2016年版）

2010-05-31 发布 2010-12-01 实施

中华人民共和国住房和城乡建设部
中华人民共和国国家质量监督检验检疫总局 联合发布

图 4-44　建筑抗震设计规范的国家标准文献

涡轮机油1.pdf - Adobe Reader

文件(F) 编辑(E) 视图(V) 窗口(W) 帮助(H)

打开 1 /16 67%

ICS 75.100
E 34

GB

中华人民共和国国家标准

GB 11120—2011
代替 GB 11120—1989

涡 轮 机 油

Lubricating oils for turbines

[ISO 8068:2006, Lubricants, industrial oils and related products(class L)—Family T(Turbines)—Specification for lubricating oils for turbines, NEQ]

2011-12-05 发布 2012-06-01 实施

中华人民共和国国家质量监督检验检疫总局
中国国家标准化管理委员会 发布

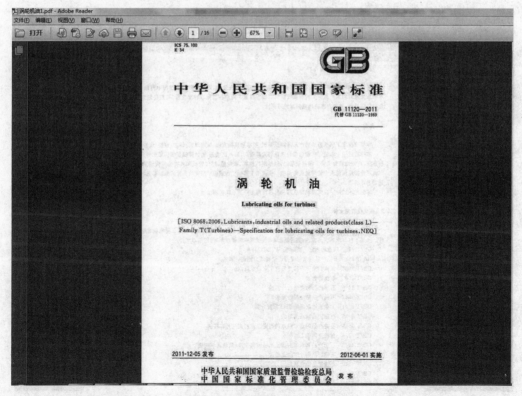

图 4-45　标准具体内容（一）

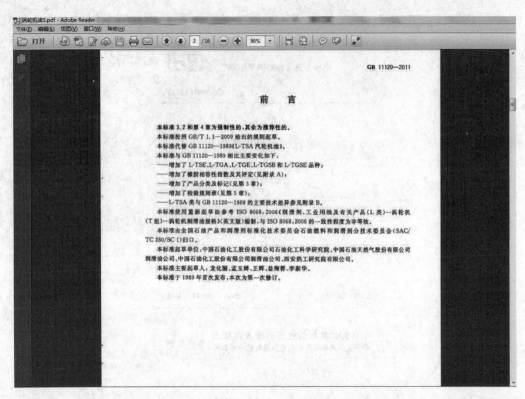

图 4-46 标准具体内容(二)

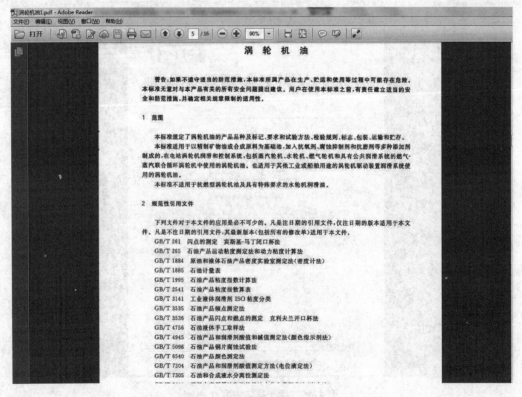

图 4-47 标准具体内容(三)

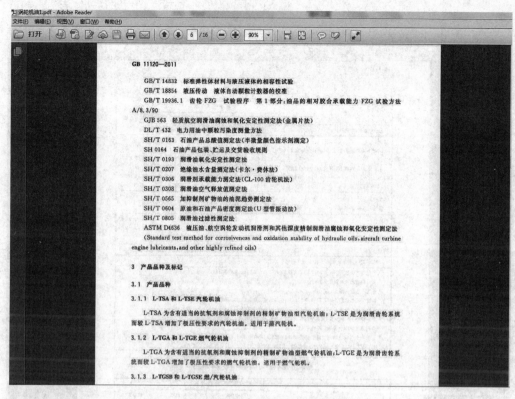

图 4-48 标准具体内容（四）

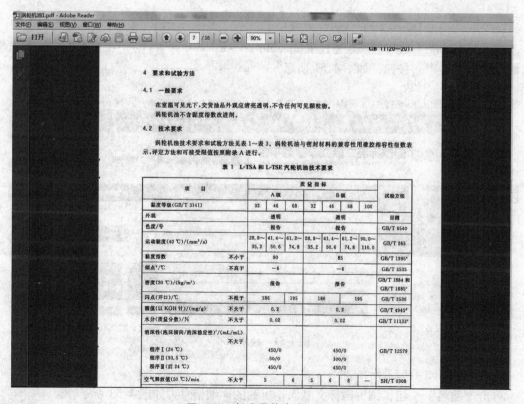

图 4-49 标准具体内容（五）

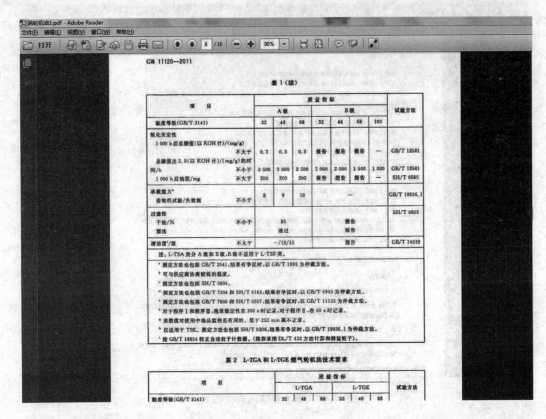

图 4-50　标准具体内容（六）

进入国家标准文献共享服务平台主页（http://www.cssn.net.cn）—在检索框中输入涡轮机油—单击"检索"按钮，如图 4-51 所示。

图 4-51　检索标准

检索结果如图 4-52 所示。

单击"题名"按钮，浏览国标文献涡轮机油的详细信息，如图 4-53 所示。

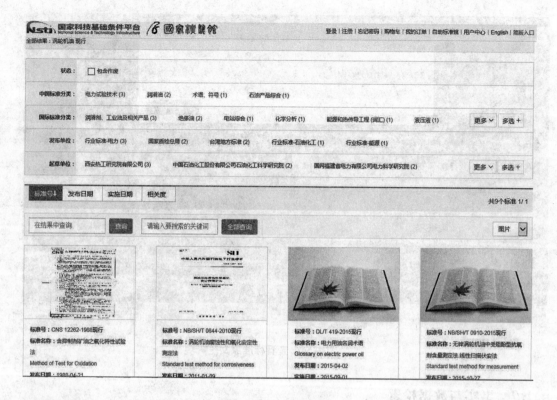

图 4-52　检索结果

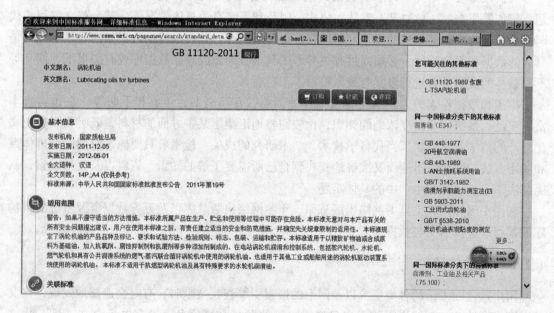

图 4-53　浏览标准的详细信息

单击"订购"—"结算"—"查看原文"按钮，如图 4-54 所示。

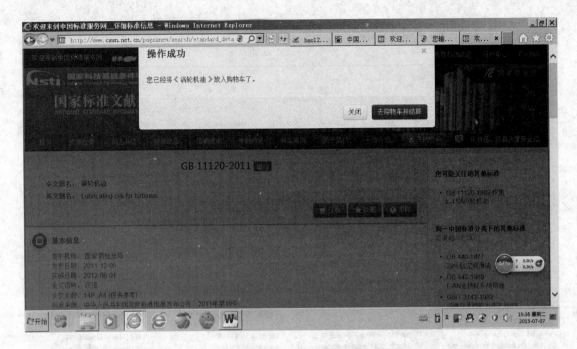

图 4-54　查看标准原文

4.1.7　事实与数据检索

　　人们在学习、研究、科学实验或其他日常工作中，都会碰到各种各样的事实和数据问题。譬如需要查找、核对某一参数、公式、规范和了解有关具体情况等，某个英文缩写或代码表示什么含义，某型号的电子元器件有多少厂家生产，其技术特性数据如何等，这些都是具体的数据和事实问题，必须通过有关参考工具书、缩微胶卷、数据库或有关报纸、期刊等不同载体的文献集合进行事实与数据检索。

　　事实和数据检索的工具书主要包括各种词典、百科全书、年鉴和手册等，它包含着丰富、广泛、系统而又高度浓缩的知识，比较完整地汇集了某一方面的材料，既吸收了历史文化遗产的精华，又反映了当代科学技术、学术研究的成果。检索者只要熟悉它们的编排体系和使用方法，就可以迅速而又准确地查找到自己所需要了解的知识、资料以及文献线索，从而解决学习、研究和生产中的具体难题。

　　利用中国知网的工具书网络出版总库、年鉴网络出版总库以及万方数据资源系统的机构库等都可以进行事实与数据检索。

4.1.8　文献传递

　　用户通过图书馆的各类资源以及网上的搜索引擎查找文献时，有时会遗憾地发现，该文献在图书馆缺藏，而搜索引擎中也只提供文献的题录文摘信息，没有电子全文（即一次文献）。用户的信息需求是多样化的，任何一家图书馆的文献收藏都是有限的，不可能仅凭一己之力满足用户的所有需求。为了帮助用户尽快和比较直接地拿到所需的一次文献，图书馆联盟应运而生，即多家图书馆基于资源共享、利益互惠的原则联合起来，为用户提供文献传递服务，最大限度地满足用户的信息需求。此外，一些数据库也为用户提供全文服务（如读秀知识库）。

目前文献传递服务大致可分为两种类型：馆际互借和原文传递。馆际互借是传统的文献传递方式，属于返还型模式。该服务主要针对图书，即联盟内的各成员馆之间根据协定互相为对方用户提供本馆图书的借用服务。图书通过快递或邮寄的方式传递，用户需要在限定的时间内归还。原文传递是借助网络发展起来的一项服务，属于非返还型模式，即图书馆将文献的复制品通过 E-mail、FTP 等方式提供给对方用户，包括图书（一般只传递整本书的 1/3）、期刊论文、学位论文、会议论文、科技报告和专利等文献的复制传递，以及可以利用的电子全文数据库的原文传递。这种服务方式速度快、方便，且费用便宜，很受用户欢迎。

下面介绍几种国内比较有影响力的文献传递服务系统：

(1) 中国高等教育文献保障系统　中国高等教育文献保障系统是为高校提供文献信息保障的资源网络（网址：http://www.calis.edu.cn/），在其门户 eduChina 上发布的资源包括图书、期刊、学位论文、古文献以及其他特色资源等，大部分可提供文献传递服务。用户在系统上检索到所需文献后，如果权限许可，可以直接发送馆际互借或原文传递请求，进而获取文献全文。

(2) 国家科技图书文献中心　国家科技图书文献中心（NSTL, National Science and Technology library）是一个基于网络环境的科技信息资源服务机构（网址：http://www.nstl.gov.cn/）。目前，NSTL 拥有印本外文文献 25 000 多种，其中外文期刊 17 000 多种，外文会议录等 8000 多种，绝大部分是以文摘的形式在 NSTL 上报道的。用户通过检索或浏览获取文献线索后，如果权限许可，可以直接发送馆际互借或原文传递请求，进而获取文献全文。

(3) 中国高校人文社会科学文献中心　中国高校人文社会科学文献中心（CASHL, China Academic Social Sciences and Humanities Library）是为高校哲学社会科学的教学和研究提供文献保障的服务体系，也是全国唯一的人文社会科学文献收藏和服务中心（网址：http://www.cashl.edu.cn/portal/）。目前收藏有 2.6 万余种国外人文社会科学领域的核心期刊和重要印本期刊，200 余万种外文印本图书，2739 种电子期刊以及 73 万余种电子图书。

CASHL 以"开世览文"网站为公共服务门户，由北京大学、清华大学、中国人民大学、复旦大学、武汉大学、吉林大学、中山大学、南京大学、四川大学、北京师范大学、东北师范大学、华东师范大学、兰州大学、南开大学、厦门大学、山东大学以及浙江大学 17 所机构联合，建立了"高校人文社科外文期刊目次库"和"高校人文社科外文图书联合目录"等数据库，提供数据库检索和浏览、书刊馆际互借与原文传递、代查代检以及相关咨询服务等。

1) 原文传递服务。用户在"开世览文"平台上查找到期刊目次信息后，可以直接发送文献传递请求给收藏馆，收藏馆可以在几个小时到 3 天之内将原文通过 E-mail 发送到用户手中。

2) 馆际互借服务。用户在"开世览文"平台上查找到图书信息后，可以直接发送借书请求给收藏馆，收藏馆会很快将图书邮寄到用户手中。

3) 代查代检服务。对于 CASHL 没有收藏的文献，用户可申请代查代检服务，CASHL 会在其他系统中查找并将原文发送给用户。

(4) BALIS　目前北京、上海、广东、江苏、天津和河北等省市都建立了特色鲜明的高校图书馆联盟，为用户提供文献传递服务（网址：http://www.balis.edu.cn/）。其中，BALIS 虽然起步相对较晚（2007 年年底正式启动），但经历了十余年的探索和发展，目前已达到一定的规模和水平，成为服务于北京高等教育的重要文献保障系统。

BALIS 管理中心设在中国人民大学图书馆，下设五个服务中心，分别是：原文传递管理中心（中国人民大学图书馆）、馆际互借管理中心（北京邮电大学图书馆）、资源协调中心（首都师范大学图书馆）、培训中心（北京师范大学图书馆）以及联合信息咨询中心（北京科技大学图书馆）。BALIS 采用集中式管理与分布式服务相结合的模式为成员馆的注册用户提供各类型文献传递服务。

4.2 典型中文信息资源系统

4.2.1 中国知网

中国知网（CNKI）即中国知识基础设施工程，是以实现全社会知识资源传播共享与增值利用为目标的信息化建设项目，由清华大学、清华同方发起，始建于 1999 年。CNKI 是集期刊、博士论文、硕士论文、会议论文、报纸、工具书、年鉴、专利、标准、国学、海外文献资源为一体的，具备国际领先水平的网络出版平台，覆盖了理工、社科、经济、教育、农业和医药卫生等各行各业。

CNKI 具有强大的检索功能，在知网发现网络平台中，提供了文献检索、知识元检索和引文检索三个检索入口。在文献检索入口中，除了提供面向单个数据库的检索，还提供了统一的跨库检索平台，可以同时对学术期刊、硕博论文、会议论文、报纸、年鉴、专利、标准和成果等多个数据库进行一框式检索，如图 4-55 所示。

图 4-55 知网发现网络平台

CNKI 还提供了出版物检索、高级检索、专业检索、作者发文检索和句子检索几种面向不同需求的检索方式。

下面以"五轴联动数控机床"为检索词，对 CNKI 文献检索的跨库检索、高级检索和专业检索进行简要介绍。

1. 跨库检索

跨库检索提供了类似搜索引擎的检索方式，读者只需要在检索框中直接输入检索词以及检索字段，就可以在指定范围内进行检索，如图 4-56 所示。当输入检索词时，还可以通过几种方式对检索范围进行限定。

图 4-56　跨库检索界面

1）在检索框左侧选择检索项，检索项包括"全文""主题""篇名""作者"等，如图 4-57 所示。

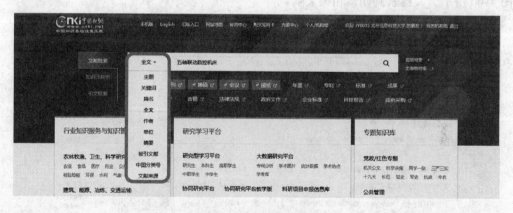

图 4-57　跨库检索项选择

2）在检索框上方对数据库进行选择，可选数据库包括"学术期刊""博硕""会议"等，如图 4-58 所示。

图 4-58　跨库检索数据库选择

3）在检索结果界面，检索框左侧"文献全部分类"，这里分类列出了十个总目录，每个总目录下面都设置了更加详细的子目录，帮助读者进一步缩小检索范围，如图4-59所示。

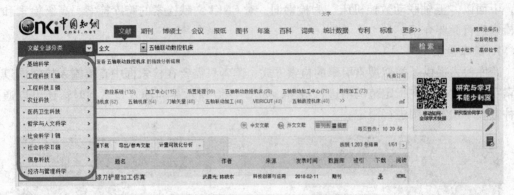

图4-59　跨库检索文献分类选择

CNKI发现网络平台提供了智能检索提示、相关词检索和历史记录检索，帮助提高读者的查全率和查准率。

以"五轴联动数控机床"为检索词，检索项选择"全文"，跨库选择"学术期刊、硕博"，并在检索结果界面的文献分类选择"工程科技Ⅱ辑"分类下的"机械学"，检索结果如图4-60所示，共检索到四篇相关文献。

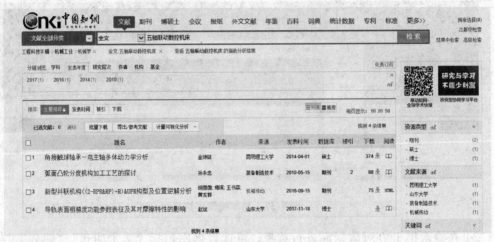

图4-60　跨库检索结果

2. 高级检索

对于需要专业检索和组合检索的读者可以进入高级检索模式进行检索。在检索的首页中，单击"高级检索"按钮，直接进入高级检索界面，如图4-61所示。

在高级检索模式中，通过"内容检索条件"和"检索控制条件"两部分来限定检索内容。

1）"内容检索条件"。

① 其中的"￼"和"￼"按钮用来增加和减少检索条件（包括主题、篇名、关键词、摘要、全文、参考文献和中图分类号七项），检索条件之间的逻辑关系有"并且""或者"

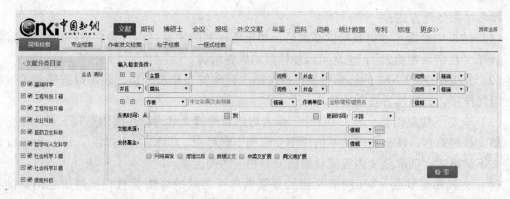

图 4-61 高级检索界面（一）

和"不含"三种。

② "词频"表示该检索词在文中出现的频次，默认为 1，即至少在检索条件中出现一次。

③ 检索条件中的匹配模式包括"精确"和"模糊"。

2）"检索控制条件"。在高级检索中，还可以通过对"发表时间""支持基金""文献来源""作者"等控制条件的组合进行限制，不断筛选修正来得到想要的检索结果。

仍旧以"五轴联动数控机床"为检索词，检索项选择"全文"，词频为默认，发表时间限定为"2005 年 3 月 1 日~2015 年 3 月 1 日"，作者限定为"杨庆东"，作者单位限定为"北京信息科技大学"，检索结果如图 4-62 所示，共检索到六篇相关文献。

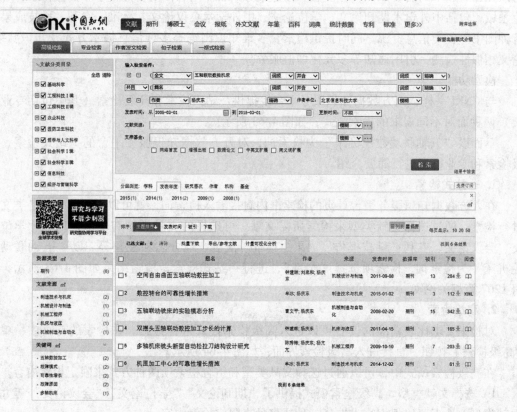

图 4-62 高级检索结果（一）

检索结果处理方式：

（1）结果中检索　在得到检索结果后，如果所得到的文献过多，需要进一步缩小范围，可以选择"在结果中检索"，这样可以使检索结果更精确。

（2）分组排序　CNKI 的检索结果可以按照主题和发表年度分组，还可以按照相关度和发表时间排序，方便读者查看所检文献。

（3）全文下载及浏览　在 CNKI 中，读者可以对所检文献进行在线浏览和下载。单击任意一篇文献的篇名，就会出现文献的详细介绍和下载界面。CNKI 主要提供了 PDF 和 CAJ 两种全文下载格式，读取全文内容需要提前安装相应的阅读器。

（4）文献知网节点　"知网节"指的是提供单篇文献的详细信息和扩展信息浏览的界面，是知识网络节点的简称。在检索结果的界面中，单击文献的题目，就可以进入知网节界面。它不仅包含了单篇文献的作者、摘要和关键词等详细信息，还是各种扩展信息的入口汇集点。这些扩展信息通过概念相关、事实相关等方法提示知识之间的关联关系，达到知识扩展的目的，有助于新知识的发现和获取。目前知网节提供的扩展信息有：引文网络、参考引证网络、关联作者、相似文献、读者推荐和相关基金文献等。

4.2.2　万方数据知识服务平台

万方数据知识服务平台（Wanfang Data Knowledge Service Platform）是北京万方数据股份有限公司推出的，是以中国科学技术信息研究所（万方数据集团公司）全部信息服务资源为依托建立起来的品质知识资源出版、增值服务平台。内容涉及自然科学和社会科学各个专业领域，包括中外学术期刊论文、学位论文、中外学术会议论文、标准、专利、科技成果和特种图书等各类信息资源。同时提供检索、多维知识浏览等多种信息揭示方式及知识脉络、论文相似性检测、引用通知等多元化增值服务。

检索功能

与 CNKI 一样，万方数据知识服务平台也提供一站式检索和高级检索（其中包括专业检索）两种面对不同需求的检索方式，如图 4-63 所示。

下面以"五轴联动数控机床"为检索词，对万方数据知识服务平台的一站式检索、高级检索和专业检索进行简要介绍。

1. 一站式检索

在万方数据知识服务平台首页的检索框内直接输入检索词，就可以对所收录的各类文献进行检索，通过选择文献类型来检索所需文献。可选择的文献类型有全部、期刊、学位论文、会议论文、专利、科技报告、成果、标准、法规、地方志和视频等。以"五轴联动数控机床"为检索词，检索项选择"全部"，进行一站式检索，检索结果如图 4-63 所示，获得 1207 篇相关论文。

2. 高级检索

对检索要求比较精准的读者可以进入高级检索模式进行检索。在检索的首页中，单击"高级检索"按钮，直接进入高级检索界面，如图 4-64 所示。

在高级检索模式中，可以通过选择文献类型和组合检索项两种方式来限定检索内容。

1）选择文献类型。高级检索模式提供了"期刊论文""学位论文""会议论文"等九种文献类型，读者可以根据需求选择一种或多种来限定检索内容。

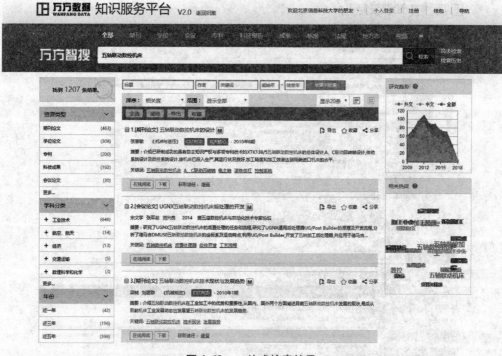

图 4-63　一站式检索结果

图 4-64　高级检索界面（二）

2）组合检索项。与 CNKI 一样，万方数据知识服务平台高级检索模式可以通过增加特定逻辑关系的检索条件来限定检索内容。其中，检索条件包括"主题""题名或关键词""第一作者""DOI""学位—导师""专利—专利权人"等 51 项，匹配模式包括"精确"和"模糊"两种，逻辑关系有"与""或""非"三种。

以"五轴联动数控机床"为检索词，文献类型全部选择，检索项选择"主题"，发表时间限定为"2005～2015 年"，作者限定为"杨庆东"，作者单位限定为"北京信息科技大学"，检索结果如图 4-65 所示，共检索到五条检索结果，全部为期刊论文。

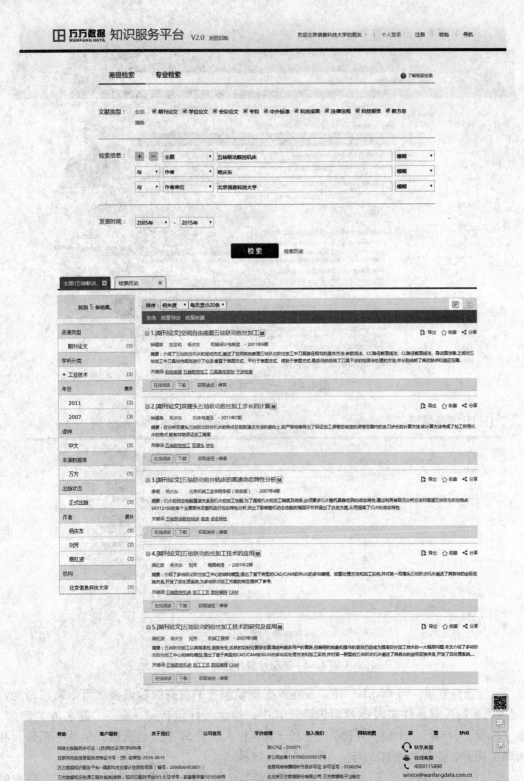

图 4-65 高级检索结果（二）

检索结果处理方式：

（1）分组排序　同 CNKI 一样，万方知识服务平台的检索结果也可以按照资源类型、学科分类、发表年份和语种等进行分组，还可以按相关度、发表时间和被引量排序，方便读者查看所检文献。

（2）全文下载、浏览及分享　万方知识服务平台检索结果的全文浏览和下载非常方便，在检索结果界面直接单击"在线阅读"或"下载"按钮就可以完成。如果需要对文章的详细信息进一步了解，可以单击篇名查看文章详细信息，同样在这一界面也可以在线查看或下载全文。万方知识服务平台的全文格式为 PDF 文件，需要下载相关阅读器。

如果想要把这篇文章推荐给更多的人，可以单击"分享"按钮，通过"万方学术圈""新浪微博""微信"和"QQ 空间"等多种方式与大家分享。

（3）检索文献相关信息　类似于 CNKI 的知网节，平台在文章详细信息界面还提供了很多与该文章相关的内容，包括"参考文献""引证文献""相关论文""相关博文"和"相关视频"等。

4.2.3　读秀学术搜索

读秀学术搜索（www.duxiu.com）是由海量图书、期刊、报纸、会议论文和学位论文等文献资源组成的庞大的知识系统，是一个可以对文献资源及其全文内容进行深度检索，并且提供原文传送服务的平台。读秀现收录 420 万种图书书目，280 万种图书全文，可搜索的信息量超过 13 亿页，为读者提供深入到图书内容的全文检索。读秀学术搜索可以提供知识、图书、期刊、报纸、学位论文、会议论文、音视频和文档八个主要搜索频道，并且可以与图书馆其他馆藏资源对接，读者可以一站式搜索馆藏纸质图书、电子图书全文、期刊全文和学位论文内容等多种类型的文献资源，并且提供了图书封面页、目录页，以及部分正文内容的试读。此外，读秀提供参考咨询服务，可以通过文献传递，直接将读者所需的相关学术资料发送到指定邮箱。它融文献搜索、试读和传递于一体。

读秀学术搜索提供了以下三种查找图书的方法：

通过"分类导航"浏览图书。单击"分类导航"，通过列表逐级对图书进行浏览，如图 4-66 所示。

通过搜索查找图书。

1）普通搜索。直接在主页的检索框中输入关键词，检索字段可以选择"全部字段""书名""作者""主题词""丛书名"和"目次"六种，选择完毕后，输入检索词，单击"中文搜索"或"外文搜索"来查找所需图书。

以"五轴联动数控机床"为检索词，检索项选择"全部字段"，单击"中文搜索"，查找到相关的中文图书 77 种，继续限定匹配方式为"精确"，查找到《五轴联动刀具路径生成及插补技术研究》《高速切削与五轴联动加工技术》和《前沿技术领域专利竞争格局与趋势 3》三本中文图书。

2）高级搜索。通过"书名""作者""主题词""出版社""ISBN""分类""中图分类号""年代"八个检索项限定检索结果，更准确地定位到图书。

3）专业检索。通过构建检索式，精准地查找所需图书。

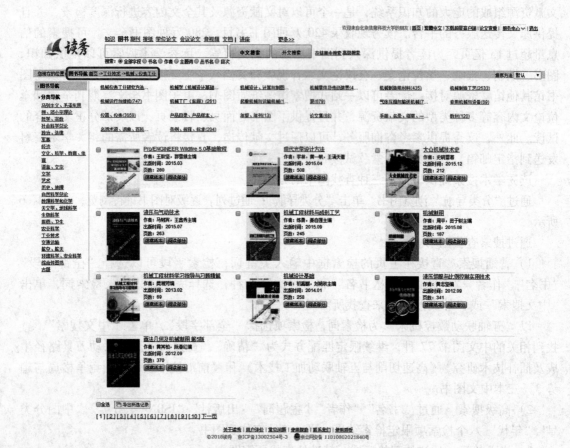

图 4-66　分类导航界面

检索到所需图书之后，从搜索结果界面单击"书名"或"封面"进入到图书详细信息界面，就可以获取到关于该书的封面、题名、作者、出版社、出版时间、页数和主题词等详细信息。在检索结果界面的右侧是列出来检索内容在各频道的相关搜索结果，方便读者对所检图书的信息有更多的了解。

在了解检索结果的详细信息之后，如果确定需要这些图书，读者可以通过以下四种方式获取多种类型的图书。

1）如果检索结果标题后有"包库全文"链接，或者点书名后出现的界面中有"包库全文阅读"链接，可点该链接直接在线阅读全文或下载。

2）如果在检索结果标题后有"阅读部分"链接，或者点书名后出现的界面中有"图书馆文献传递"，可通过文献传递的方式获得部分全文。

3）如果在检索结果标题后有"馆藏纸本"链接，或者点书名后出现的界面中有"本馆馆藏纸书"，可到本图书馆去借阅纸本图书。

4）借助读秀提供的文献互助、按需印刷等方法，供读友使用。

此外，如果所需图书带有随书光盘，可以通过详细界面右侧的"随书光盘"链接来获得。

（1）全文搜索 在读秀搜索进行全文搜索，需要首先选择知识频道，然后输入关键词，单击"中文搜索"或"外文搜索"按钮，就可以在读秀的海量图书数据资源中，围绕关键词深入到图书的每一页资料中对相应内容进行深度查找。

如果对检索结果满意，可以单击标题了解详细信息，或直接单击"阅读"和"PDF下载"按钮来查阅或下载文献；如果对检索结果不满意，还可以通过检索框邮编的"在结果中搜索"来进一步缩小搜索范围，让结果更准确。

同样，检索结果界面的右侧，也列出了检索内容在各频道的相关搜索结果，帮助读者更多地了解所检内容。

（2）期刊等其他文献搜索 以期刊频道为例，在搜索框中输入关键词，然后单击"中文搜索"或"外文搜索"按钮，将进入海量的中文或外文期刊数据资源中进行查找。

与前面介绍的CNKI和万方数据知识服务平台一样，读者可以在搜索框下方选择"全部字段""标题""作者""刊名""关键词"或"作者单位"等检索项进行检索，还可以通过右侧的"高级检索"或"专业检索"来更精确地查找期刊。

4.2.4 维普中文期刊服务平台

重庆维普资讯有限公司的前身为中国科技情报研究所重庆分所数据库研究中心，是中国第一家进行中文期刊数据库研究的机构，自主研发并推出了中文科技期刊篇名数据库，成为中国第一个中文期刊文献数据库，也是中国最大的自建中文文献数据库。

针对全国高等院校、公共图书馆、情报研究机构、医院、政府机关和大中型企业等各类用户的需求，重庆维普资讯有限公司陆续推出了中文科技期刊数据库、中国科技经济新闻数据库、中文科技期刊数据库（引文版）外文科技期刊数据库中国科学指标数据库、智立方文献资源发现平台、中文科技期刊评价报告、中国基础教育信息服务平台、维普-google学术搜索平台、维普考试资源系统、图书馆学科服务平台、文献共享服务平台、维普期刊资源整合服务平台、维普机构知识服务管理系统、文献共享平台、维普论文检测系统等系列产品。

维普中文期刊服务平台（http://qikan.cqvip.com/）是维普资讯最新推出的期刊资源型

产品，收录期刊总数 14 000 余种，其中核心期刊 1983 种，文献总量 5900 余万篇，收录时间从 1989 年至今（部分期刊回溯至创刊年），全文采用国际通用的 PDF 格式制作及传播。

维普中文期刊服务平台可以提供快速检索、高级检索、期刊导航、学科导航、地区导航和期刊评价报告六种检索方式。以"五轴联动数控机床"为检索词对快速检索方式进行简单介绍。

进入维普中文科技期刊数据库的首页，默认的检索方式就是快速检索。只要选择检索项之后输入检索词，单击"搜索"按钮就可以进行检索。

以"五轴联动数控机床"为检索词，检索项为默认的"题名或关键词"进行检索，得到 378 条检索结果，如图 4-67 所示。如果对检索结果不满意，可以使用"在结果中检索"或"在结果中去除"功能进行修改。

图 4-67　维普中文期刊服务平台

4.2.5 中国高等教育文献保障系统数据库

中国高等教育文献保障系统（CALIS）是经国务院批准的我国高等教育"211 工程""九五""十五"总体规划中三个公共服务体系之一。CALIS 的宗旨是，在教育部的领导下，把国家的投资、现代图书馆理念、先进的技术手段、高校丰富的文献资源和人力资源整合起来，建设以中国高等教育数字图书馆为核心的教育文献联合保障体系，实现信息资源共建、共知、共享，以发挥最大的社会效益和经济效益，为中国的高等教育服务。

CALIS 在北京建立了文理、工程、农学、医学四个全国性文献信息中心，构成 CALIS 资源保障体系的第一层，主要起到文献信息保障基地的作用。其中文理、工程两个全国中心分别设在北京大学和清华大学。以两校图书馆和学校各方面条件为基础，加上本项目专项资金的投入，将拥有相对最丰富的文献数据库资源以及最强大的网上检索服务和文献传递的手段，从而作为"211 工程"重点学科建设的最终文献保障基地；农学和医学两个全国中心则分别设在中国农业大学和北京大学医学部，作为 CALIS 与全国农业信息网和全国医学信息网的连接点，扩大文献资源共享的范围，同时又作为同类院校图书馆的协作牵头单位，开展相应的资源共享活动。

CALIS 统一检索系统不仅提供了多种资源检索方式（如按学科分类、按首字母 A～Z、按"我的学科"等方式进行分类查找以及按资源名称进行检索），还提供了特有的四级资源分类导航，同时在每个级别上提供相应的整合检索与个性化检索服务。

CALIS 统一检索系统主要有简单检索和高级检索两种方法。

简单检索只有一个检索条件，高级检索则是多个（最多三个）检索条件的逻辑组合。检索平台支持布尔逻辑检索、截词算符、全文检索，还支持多种检索运算符以及组合检索，从而方便用户精确定位信息。平台还提供了可扩展的词典和知识库，能够为专业用户提供特别的检索服务。

CALIS 统一检索平台提供多库检索结果汇总列表，平台为用户提供统一的检索结果显示模式，使得用户可以在不同的资源库中浏览已检索出的结果信息。可以对检索结果进行标记、保存题录信息、将题录信息以 Email 的方式发送，并可进一步得到详细记录和下载全文，或者申请馆际互借，但不能去重。

4.2.6 中国国家图书馆数字资源

中国国家图书馆的数字资源建设开始于 20 世纪 80 年代，1987 年开始中文书目数据库的建设，1999 年开始有计划地进行数字资源库建设。目前国家图书馆数字资源的内容涵盖文本、图片、音频、视频和网络资源等，主要包括电子图书百万余种，电子期刊、电子报纸约数十万种，学位论文约 400 万篇，音频资料约 101.6 万首，视频资料约 8.9 万 h。

中国国家图书馆的数字资源内容主要有五大来源：馆藏特色资源数字化、外购数据库、网络导航和网络资源采集、数字资源征集和电子文献呈缴/交换。

自建特色资源数据库包括文献系列、特藏系列和专题导航三部分，内容涉及：中文电子图书、博士论文、民国文献、在线讲座、在线展览、甲骨实物与甲骨拓片、敦煌文献、金石拓片、地方志、西夏文献、年画、老照片和音像资源等，其中全文数据内容超过 2 亿页，并实现互联网免费访问。

进入国家数字资源图书馆主页,单击"查找更多数字资源"按钮,在资源列表中单击"特色资源"就可以进入各个自建特色资源数据库,如图 4-68 所示。

图 4-68 国家数字资源图书馆的数字资源

网页资源获取系统是国家图书馆开发的网络资源工作平台,系统注重数字保存,将网络文档保存为符合 ISO 标准的文档,实现了网络资源的长期保存。同时系统集网络资源的采集、保存、编目和发布、服务的功能于一身,为图书馆员提供了一个流畅的网络资源采编存阅的一体化平台。

国家图书馆的数字资源可以通过数字资源门户、读者门户和文津搜索三种方式来访问。其中访问数字资源门户仅限于国家图书馆的到馆读者使用;读者门户面对的是注册认证过的馆外读者;文津搜索是面向所有到馆和馆外读者的访问方式,但在线阅读功能需要在读者门户系统中登录才能使用。

4.2.7 国家科技图书文献中心数据库

国家科技图书文献中心(NSTL)是根据国务院领导的批示于 2000 年 6 月 12 日组建的一个基于网络环境的科技信息资源服务机构,中心由中国科学院文献情报中心、中国科学技术信息研究所、机械工业信息研究院、冶金工业信息标准研究院、中国化工信息中心、中国农业科学院农业信息研究所、中国医学科学院医学信息研究所、中国标准化研究院标准馆和中国计量科学研究院文献馆组成。NSTL 根据国家科技发展的需要,按照"统一采购、规范加工、联合上网、资源共享"的原则,采集、收藏和开发理、工、农、医各学科领域的科技文献资源,面向全国开展科技文献信息服务。

NSTL 的访问网址是 http://www.nstl.gov.cn。所拥有的资源包括印刷本文献资源和网络版全文文献资源。

NSTL 是我国收集外文印本科技文献资源最多的,是面向全国提供服务的科技文献信息机构。NSTL 订购和收集的文献信息资源绝大部分以文摘的方式,或者以其他方式在 NSTL 网络服务系统上加以报道,供用户通过检索或浏览的方式获取文献线索,进而获取文献全文并加以利用。

NSTL 的网络版全文文献资源包括:NSTL 申请、面向中国大陆学术界用户开放的国外网络版期刊;NSTL 与中国科学院及 CALIS 等单位联合购买、面向中国大陆部分学术机构用户开放的国外网络版期刊和中文电子图书;网上开放获取期刊;NSTL 拟申请网络版期刊的试用;NSTL 研究报告等。拥有外文期刊数据库、外文会议论文数据库、外文科技图书数据库、中文期刊数据库、中文学位论文数据库和中文会议论文数据库。

提供的服务包括:文献检索和原文提供、网络版全文数据库、期刊分类目次浏览、联机公共目录查询、文献题录数据库检索、网络信息导航、专家咨询服务和专题信息服务等。

经过十年的建设和发展,中心已经成为我国收集外文印本科技文献资源最多的科技文献信息机构,初步建成了面向全国的国家科技文献保障基地。拥有各类外文印本文献 25 000 余种,其中外文科技期刊 17 000 余种,外文回忆录等文献 9000 余种。学科范围覆盖自然科学、工程技术、农业科技和医药卫生四大领域的 100 多个学科和专业。以国家许可、集团购买和支持成员单位订购等方式,购买开通网络版外文现刊近 12 000 种,回溯数据库外文期刊 1500 余种,中文电子图书 23 万余册。

单击主页的"文献检索"按钮,进入文献检索界面,可以看到,NSTL 的文献检索方式有四种:普通检索、高级检索、期刊检索和分类检索,如图 4-69 所示。

进入文献的首页,默认的检索方式就是普通检索。只要选择检索项之后输入若干检索项,选择相应数据库,单击"检索"按钮就可以进行检索,是最常用的检索方式。

同大部分检索平台一样,也可以对检索的文献类型、查询范围和查询年限进行设定,在

图 4-69 "文献检索"界面

输入检索词之后,也可以在检索结果的基础上加入新的限定条件,进行"二次查询"。

高级检索是比较复杂的一种检索方法,检索结果精准。但需要读者首先利用系统提供的数据库"字段对照表"选择字段代码(如 TIT = 题名),则所选字段代码自动生成,在检索式文本框中,将第一个检索词输入后,选择该词与第二个检索词之间的逻辑关系(如"and"),则"and"也会自动添加到检索式文本框中;然后再选择下一个检索词的字段代码并输入检索词……若不用"字段对照表"选择字段而直接输入查询内容,表示在全部字段中查询。

4.2.8 汇雅书世界

汇雅书世界(原超星数字图书馆)是目前国内最大的中文电子图书数据库,拥有电子图书 100 多万种,收录范围从 1977 年至今。图书内容涵盖中图法 22 大类,包括石油工程、储运工程、地球科学与勘探技术、能源科学与技术、环境科学与工程、生物工程、化学化工、机械工程、材料科学与工程、计算机科学与软件工程、电子信息工程、建筑工程、物理学、数学、经济管理科学、人文社会科学、法学、外语教学与语言学、体育科学等各个学科门类。

汇雅书世界的检索方法有分类检索、快速检索和高级检索三种,如图 4-70 所示。

图 4-70 三种检索方法

汇雅书世界将图书按照《中图法》分类，单击"一级分类"即进入"二级分类"，依次类推。末级分类的下一层是图书信息界面，单击"书名"即可阅读图书。

进入汇雅书世界的首页，默认的检索方式就是快速检索。快速检索又叫作关键词检索，需要输入关键词进行查询，多个检索词之间以空格隔开。汇雅书世界的快速检索提供了"书名""作者""目录"和"全文检索"四种检索项，还可以限制查找图书的分类。

4.3 典型外文信息资源系统

4.3.1 Web of Science 数据库

Web of Science（WOS）是一个由几个旨在支持科学和学术研究的文献检索数据库组成的平台。该平台包括 MEDLINE 数据库、BIOSIS 引文索引和 Zoological 动物学记录，德温特世界专利索引数据库（专利）和数据索引（数据集和数据研究），以及包括世界各地有重要内容的数据库。

Web of Science 核心合集是平台上的主要资源，包括超过 18 000 个同行评审出的高品质学术期刊（包括开放存取期刊），超过 160 000 个会议文献，80 000 本以上专业编辑挑选的图书。目前核心合集包括八部分内容：三个引文数据库、一个会议论文引文数据库、一个图书引文索引、一个新兴的引文数据库及两个化学数据库。三个引文数据库分别如下：

科学引文索引扩展版——Science Citation Index Expanded（SCIE）

社会科学引文索引——Social Science Citation Index（SSCI）

艺术和人文科学索引——Arts & Humanities Citation Index（A&HCI）

会议论文引文数据库——Conference Proceedings Citation Index - Science（CPCI）

图书引文索引——Book Citation Index（BCI）

新兴资源引文索引——Emerging Sources Citation Index（ESCI）

化学数据库（Current Chemical Reactions）收录了来自期刊和专利文献的一步或多步新合成方法，Index Chemicus 则收录世界上有影响的期刊报道的新颖有机化合物，两个化学数据库可以用结构式、化合物和反应的详情和书目信息进行检索。

利用引文数据库，用户不仅可以用主题、著者、刊名和著者地址等途径进行检索，还可以用被引用文献的著者和来源进行检索。

数据库为用户提供了四种检索方式，分别为基本检索、被引参考文献检索、高级检索及作者检索，如图 4-71 所示。登录系统后，系统默认为基本检索界面。

基本检索：提供研究主题、标题、作者、作者识别号、团体作者、编者、出版物名称、DOI、出版年和地址等检索字段，其检索界面如图 4-72 所示。

被引参考文献检索：系统提供被引作者、被引著作和被引年份等检索字段。在进行被引作者检索时，一般以第一作者进行检索，若以其他作者进行检索，如 Web of Science 数据库未收录将得到不到检索结果，并且被检索文献的非标准著录格式也将检索不到，如图 4-73 所示。

高级检索提供两种检索方式，一是运用逻辑运算符、字段标识符、括号来构建检索式进行检索，二是通过对该检索界面下的检索历史进行逻辑运算，如图 4-74 所示。

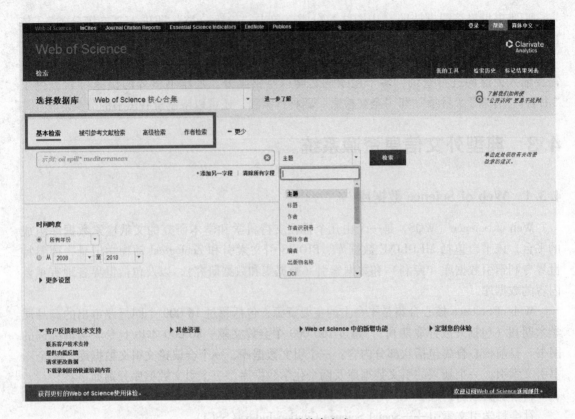

图 4-71 四种检索方式

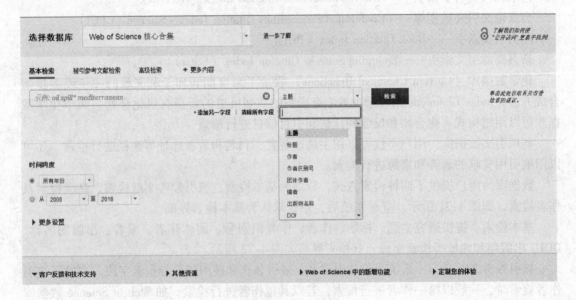

图 4-72 基本检索

检索课题:检索"五轴联动数控机床"相关文献。

检索方法:输入检索词。

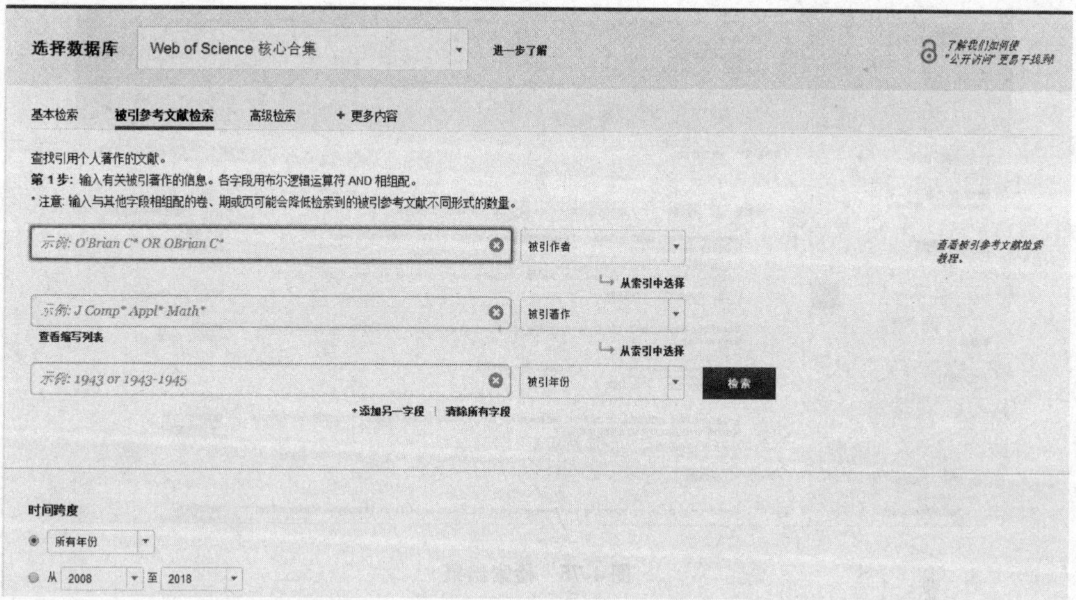

图 4-73 被引参考文献检索

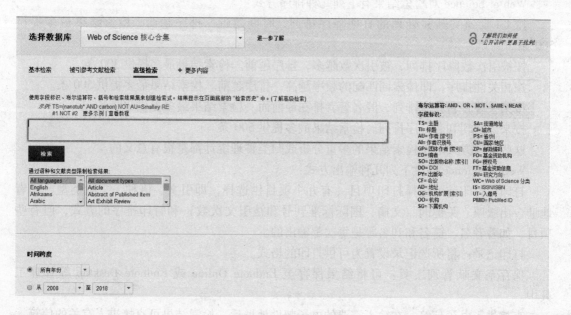

图 4-74 高级检索

在基本检索界面,选择检索字段为"主题",在检索框内输入检索词"Five-axis NC machine tool",可以限定文献时间跨度、选择数据库,单击"检索"按钮得到检索结果,如图 4-75 所示。

在检索结果界面,利用" 排序方式: 出版日期 (降序) "下拉框,选择出版日期降序或升序、最近添加、被引频次降序或升序、相关性、第一作者升序或降序、来源出版物名称升序或降序、会议标题升序或降序等对检索结果进行重新排序。被引频次降序可以快速获得该领域高

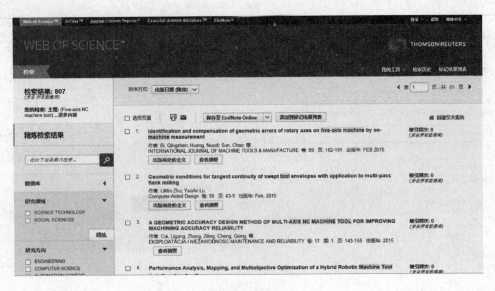

图 4-75 检索结果

影响力文献。

Web of Science 对检索结果有下列几种排序方式：

按 ISI 收到文献并处理的日期降序排列，时间越近，排序越前。检索结果最多提供 500 条。

按被引次数降序排列，被引次数越多，排序越前。检索结果最多提供 300 条。

按相关性排序，即检索词匹配的频率越高，排序越前。检索结果最多提供 500 条。

按第一著者名升序排列，匿名著者排在最前面。检索结果最多提供 300 条。

按来源期刊刊名升序排列。检索结果最多提供 500 条。

这些排列方式对于检索结果的多重分析或归类整理统计都是很有意义的。

Web of Science 提供下列几种输出方式：

打印：打印前可选择打印项目（有九个项目供选择，即引文、语种、文献类型、作者地址、出版项、关键词、文摘、国际标准刊号和被引文次数）和打印排序的方式，但有些项目，如著者名、篇名和刊名等是每次都输出的。

打印记录：将所选记录设置为可供打印的格式。

保存至文献管理工具：可将结果保存至 Endnote Online 或 Endnote Desktop 等管理工具中。

直接进入电子信箱：在输入需要的电子邮件地址后，检索结果可直接进入有关的信箱。

在检索结果界面，单击检索结果界面上方的分析检索结果，进入分析选项界面。提供作者、丛书名称、会议名称、国家/地区、出版年、来源出版物、文献类型、机构、基金资助机构、授权号、团体作者、语种、学科类别、编者、组织、组织扩展和研究方向等分析选项。选择分析字段为"来源出版物"，设置显示结果记录数及排序方式，得到该领域发文量排在前 10 位的期刊，从而发现目标投稿期刊，通过作者分析可以发现该领域的研究历史和发展。

在检索结果界面单击创建引文报告，以柱状图形式显示总体文献每年的引文数，以列表形式显示单篇文献每年的引文数，如图 4-76 所示。

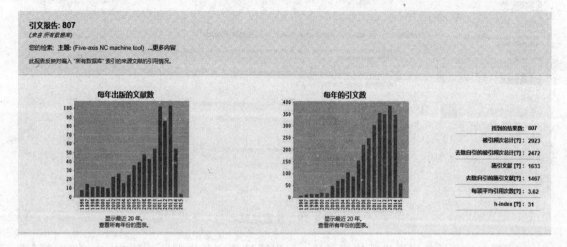

图 4-76　引文报告

通过引文的变化，可能看出该领域研究方向的变化趋势，如图 4-77 所示。

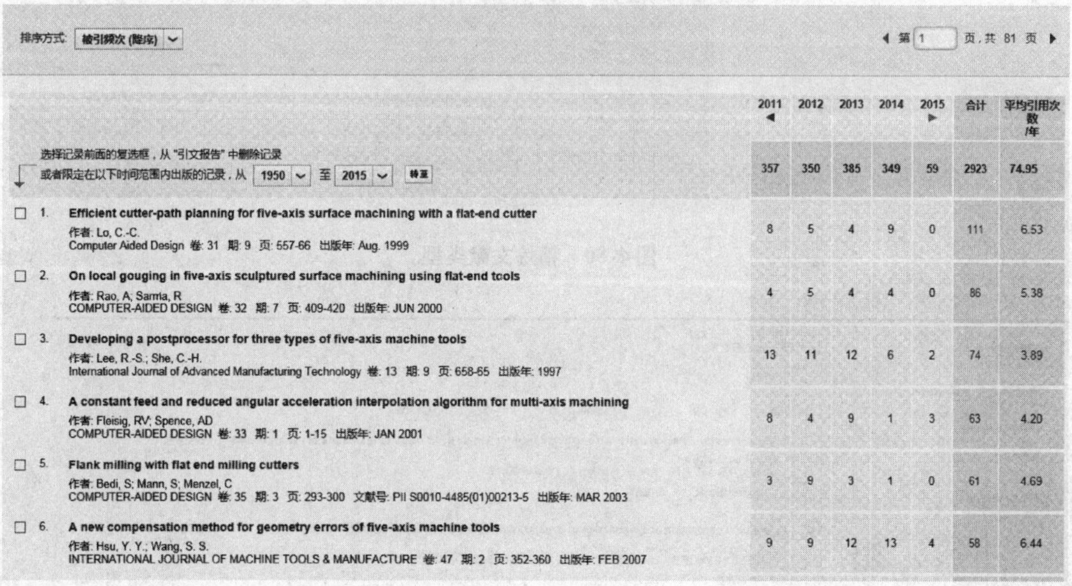

图 4-77　引文情况

支持二次检索，可在检索框内输入检索词进行二次检索。系统提供 Web of Science 类别、文献类型、研究方向、作者、来源出版物等多途径限定，如在检索框内输入"post processing"，如图 4-78 所示，进行二次检索。

检索结果如图 4-79 所示。

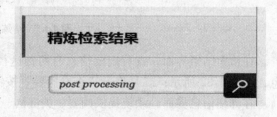

图 4-78　精炼检索结果

图 4-79 检索结果

如果想对该领域的进展进行快速了解，可以通过"文献类型"精炼方式，将"文献类型"限定为"review"，得到综述性文献，如图 4-80、图 4-81 所示。

图 4-80 精炼文献类型

图 4-81 精炼检索结果

在检索结果界面，查看摘要信息有两种途径：一是单击文献标题，显示文献的详细信息，如图 4-82 所示；二是单击"查看摘要"按钮，如图 4-83 所示。

在详细信息界面，系统提供摘要、关键词、作者信息、出版商、类别和文献信息等基本信息，还提供"查看期刊信息""查看基金资助信息""期刊引证报告"等链接，方便读者

图 4-82　显示文献详细信息

图 4-83　查看摘要

查阅到更详细的信息。

导入 EndNote Online，在检索结果界面，根据自己的要求选择要保存的文献，"保存至 EndNote Online"提供以下几种保存方式，如图 4-84 所示。

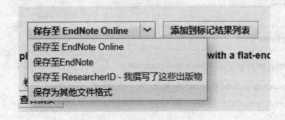

图 4-84　保存方式

首次使用需按步骤进行注册登录，如已有账号可直接登录，如图 4-85 所示。导出结果，保存至 EndNote，如图 4-86、图 4-87 所示。

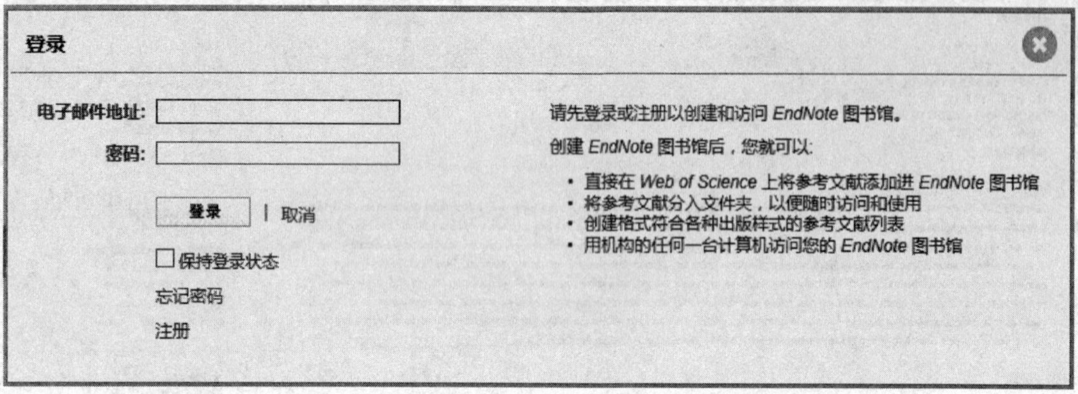

图 4-85　账号登录

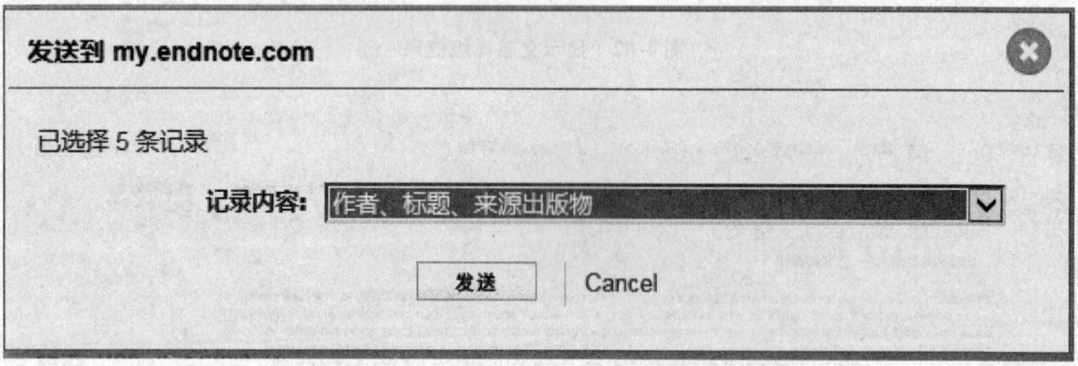

图 4-86　导出结果

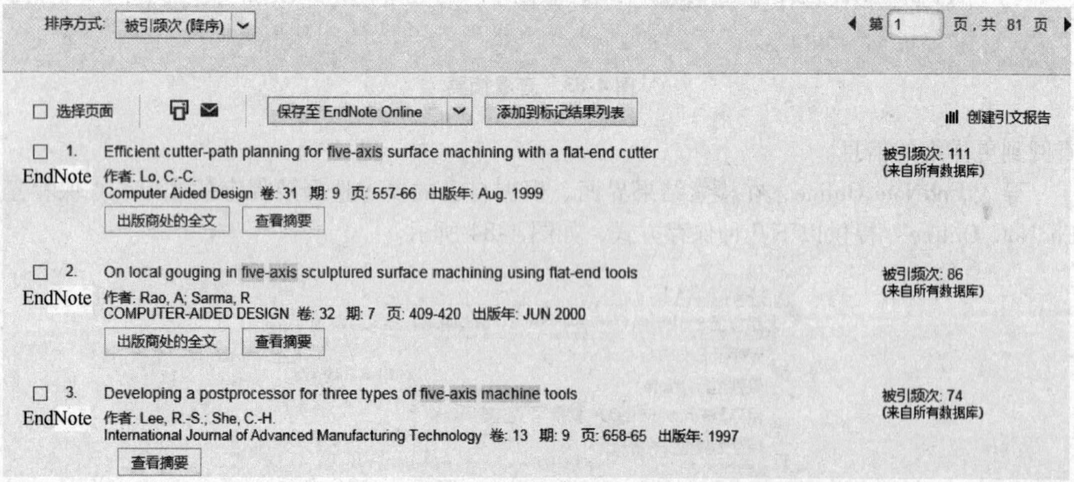

图 4-87　保存结果至 EndNote

未分组情况，建议在"组织"中建立文件夹进行分组管理。

新建组，如图 4-88 所示，将导入的文献分别添加到不同的组，方便查找。

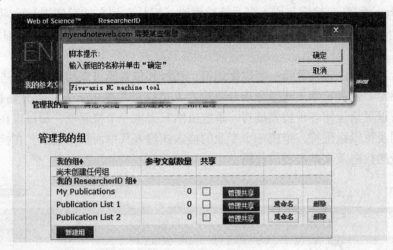

图 4-88　管理我的组

4.3.2　EI Compendex 工程索引数据库

EI Compendex 是《工程索引》(The Engineering Index) 的网络版数据库，是世界上最全面的工程领域文摘数据库，也是目前最常用的文摘数据库之一。侧重于工程技术领域文献的报道，涉及核技术、生物工程、交通运输、化学和工艺工程、照明和光学技术、农业工程和食品技术、计算机和数据处理、应用物理、电子和通信、控制工程、土木工程、机械工程、材料工程、石油、宇航、汽车工程以及这些领域的子学科。其收录的工程类期刊和会议录每周更新。

数据库为用户提供了 Quick Search、Expert Search、Thesaurus Search 三种检索方式，并提供了 Author、Author affiliation、Controlled term、Source title、Publisher 索引辅助浏览。登录后系统默认为 Quick Search 界面，如图 4-89 所示。

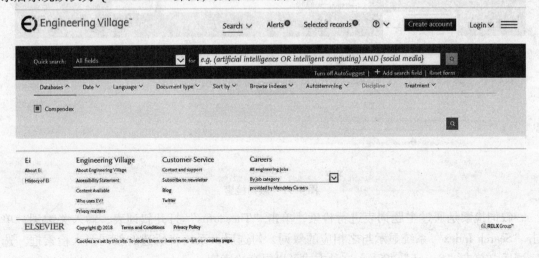

图 4-89　数据库首页

快速检索 Quick Search 是大家最常用的检索的方式。在快速检索的条件下，可在检索框中输入检索词，并选择需要检索的检索字段，系统提供 All fields、Subject/Title/Abstract、Abstract、Author 等 20 个检索字段。当系统检索时，按从左到右的顺序进行检索，然后再执行逻辑匹配。当检索条件不够时，可以增加检索条件，目前系统最多可增加到 12 条。

专家检索如图 4-90 所示。

专家检索是运用逻辑运算符、字段标识符、括号和位置算符来构建检索式进行检索，提供出版年的限定。这种检索方式适合于专业检索人员或对系统检索方法十分熟悉的检索者，该检索方式可以灵活运用各种检索技巧，系统虽然只提供一个检索框，却可以在其中同时输入多个检索词及逻辑组配符，组成一个专业的检索式输入其中而执行检索。在检索时，需要用到一些字段的代码及文献类型的代码。

图 4-90　专家检索

叙词检索如图 4-91 所示。

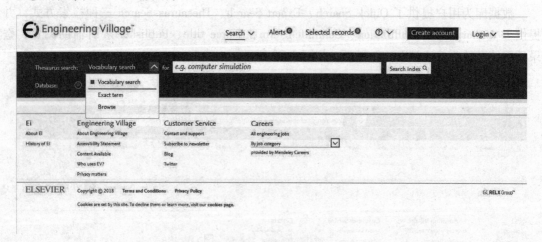

图 4-91　叙词检索

叙词检索是通过主题词表进行检索，单击"Thesaurus"打开叙词表，输入关键词，单击"Search Index"系统显示与之相应的叙词，勾选后，系统将所选的叙词调入检索框。选完词后，单击"Search"检索，这种方式可以提高检索率。

后两种检索方式，在日常检索中的使用还是少一些。

检索实例：检索"五轴联动数控机床"相关文献。

检索方法：输入检索词。

选择系统默认的"Quick Search"方式，在检索框内输入检索词"Five-axis NC machine tool"，可以选择字段，也可以限定文献类型、文献处理类型、时间跨度和文献语言等，单击"Search"，得到检索结果，如图4-92所示。

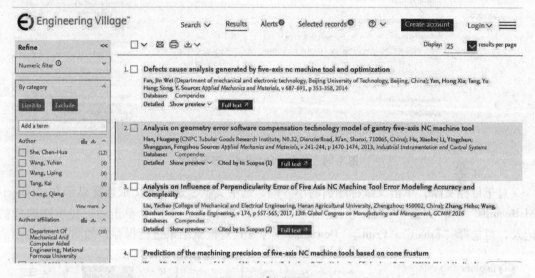

图 4-92 检索结果

检索结果提供相关度、出版时间、作者、来源和出版者等几种排序方式，还提供作者、作者单位、控制词表、分类代码、国家和年度等多种途径精炼检索结果。

在检索结果界面，单击"Detailed"显示该记录的详细著录信息，如图4-93、图4-94所示，单击"fulltext"，如机构购买了资源则会链接到全文信息。

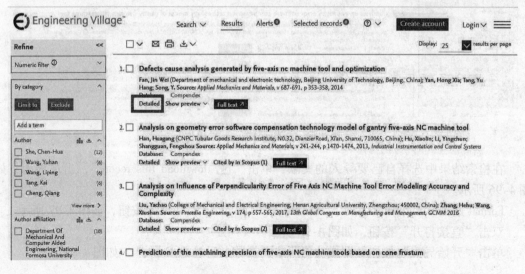

图 4-93 单击"Detailed"

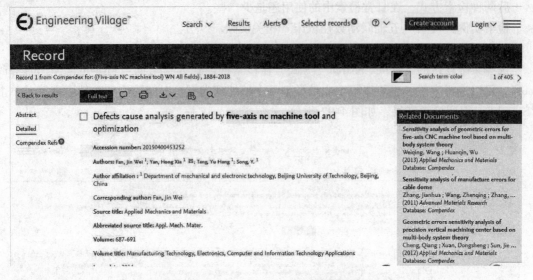

图 4-94 单击"Detailed"显示内容

对于目标文献,单击文献标题前的小方框,选中文献,选中的文献数量显示在"Selected Records"后,如选中五篇,则显示为"Selected Records(5)",单击后,显示所选择的记录,可选择"Email""Print""Download"等方式对检索结果进行保存,如图 4-95 所示。

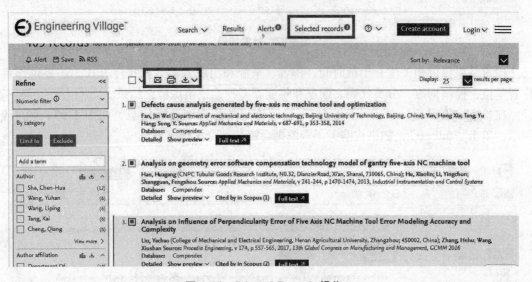

图 4-95 Selected Records 操作

在检索结果中选择自己要导入的文献,单击"⬇ download this record",出现界面,如图 4-96 所示。

Format 选择"EndNote"格式,最后单击"Download records"按钮,如图 4-97 所示。

双击"直接打开"按钮,如图 4-98 所示。

单击"开始导入"按钮,即成功将所选文献导入到 Note Express,如图 4-99 所示。

科技文献检索系统 第 4 章

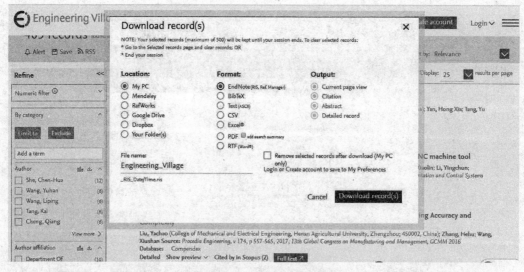

图 4-96 导出到 "EndNote"

图 4-97 导出文件

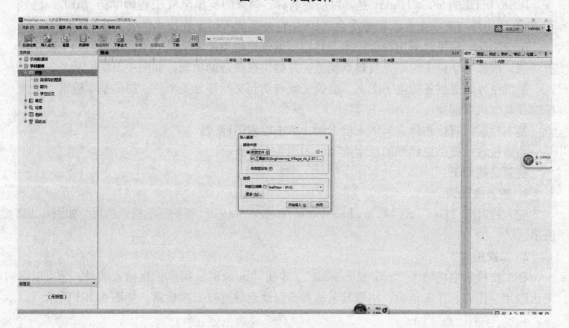

图 4-98 直接打开

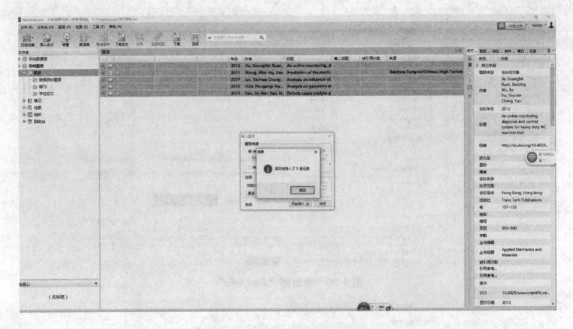

图 4-99　所选文献导入到 Note Express

4.3.3　IEEE/IET Electronic Library（IEL）全文数据库

IEEE/IET Electronic Library（IEL）是 IEEE 旗下最完整、最有价值的在线数字资源，通过智能的检索平台提供创新的文献信息。其权威的内容覆盖了电气电子、航空航天、计算机、通信工程、生物医学工程、机器人自动化、人工智能、半导体、纳米技术、机械工程、石油化工、水利水电、能源与核科学等各种技术领域。

IEEE/IET Electronic Library 是其以前的名称。原来的英国电气工程师学会（IEE）已经于 2006 年 3 月与英国企业工程师学会（IIE）合并组成英国工程技术学会（IET）。

IEEEXplore 新平台采用智能检索工具，可全方位聚类检索结果。平台提供新的个性化服务功能，增加了学科主题浏览及热点浏览，并提供在线帮助功能，如图 4-100 所示。

系统主界面提供各种电子图书、会议文献和期刊文献等分类浏览，提供基本检索、高级检索及其他检索选项。

基本检索：直接在检索框输入检索词，单击检索图标。

高级检索：提供更详细的检索选项，如图 4-101 所示。

检索实例如下：

1. 输入检索词

输入检索词"Five-axis NC machine tool"，单击"Search"得到一次检索结果，如图 4-102 所示。

2. 二次检索

在二次检索框内输入"post processing"，单击"Search"，得到二次检索结果，还可以限定出版年、作者、作者单位、出版物名称和会议地点等进行二次检索，如图 4-103 所示。

科技文献检索系统 第 4 章

图 4-100　主界面

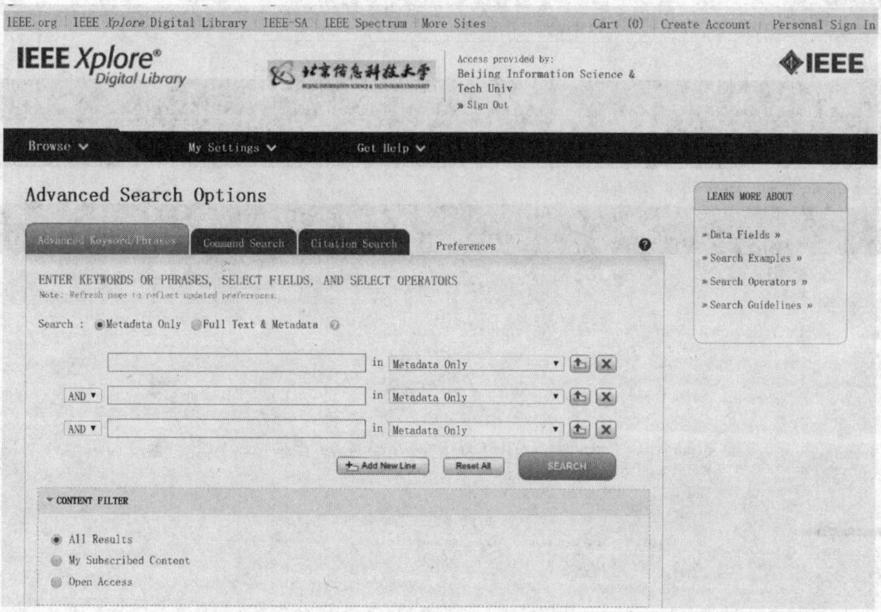

图 4-101　高级检索

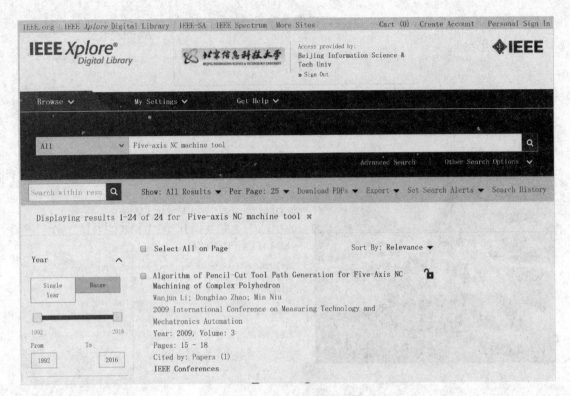

图 4-102　检索结果

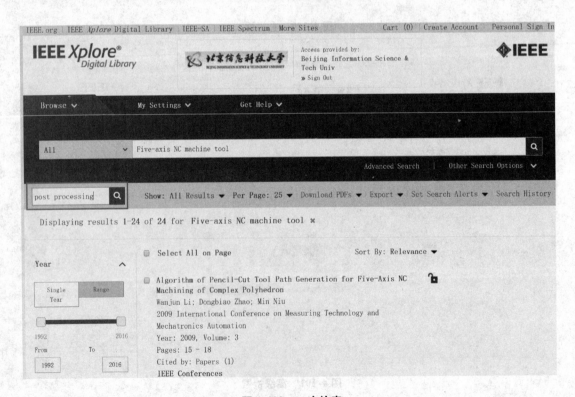

图 4-103　二次检索

3. 检索结果的浏览、下载

单击检索结果下方的"Abstract",可以快速浏览文献的摘要信息,单击"PDF"可以查看该篇文献的详细信息,如机构购买,界面会提供全文下载,如图4-104所示。

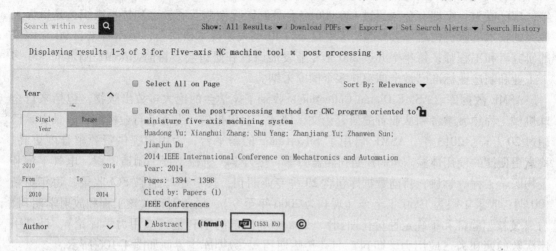

图4-104 文章下载

4. 导入Note Express

方法:进入IEEE XPlore中搜索到相关文献后,选择需要的文献,并在文献上方单击"Export"选项,单击"Citations",分别在"Format"中选中"RIS","Include"中选中"Citation & Abstract 或 Citation Only",如图4-105所示。

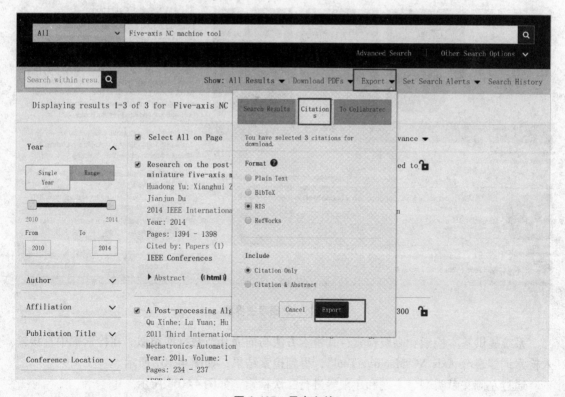

图4-105 导出文献

4.3.4 美国机械工程师学会全文数据库

美国机械工程师学会（ASME，American Society of Mechanical Engineers）成立于 1880 年，现已成为一家拥有全球超过 130 000 名会员的国际性非营利教育和技术组织，是世界上最大的技术出版机构之一。ASME 每年召开约 40 场大型技术研讨会，吸引着来自 90 个国家的研究者和工程师；每年举办近 200 个专业发展课程和研讨会。目前，ASME 制定的 500 多个工业和制造业标准已被全球 100 多个国家采纳。

ASME 数据库（ASME Digital Collection）收录了该学会的绝大多数出版物，包括来自全球机械工程领域学者和从业者的研究论文、评述、会议报告、专著及行业标准，收录文献已超过 20 万篇。2013 年，ASME 启用了 SilverChair 的新平台，为用户提供资源整合度更高、检索更便捷的使用体验。ASME 期刊涵盖力学、热力学、机械工程、制造工程、电气工程和生物医学工程等学科，目前数据库包含 29 种专业期刊，其中有 25 种被 SCI 收录，每年更新 190 期；收录年限为 1960 年至今（现刊为 2000 年至今），最新创刊《核工程和放射学期刊》与《校核、验证和不确定性量化期刊》，最高影响因子的期刊是《应用力学评论》，最高引用次数的期刊为《应用力学期刊》与《传热期刊》。数据库主界面如图 4-106 所示。

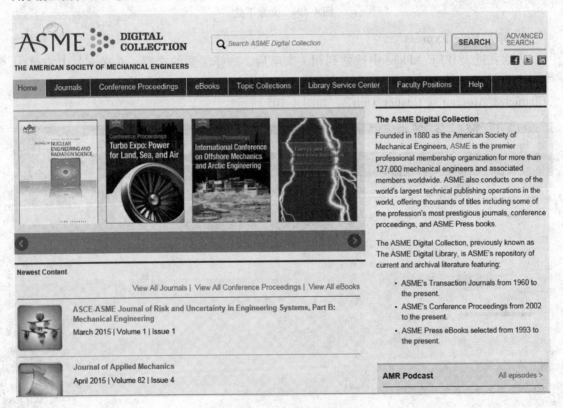

图 4-106　数据库主界面

系统提供基本检索和高级检索，其检索方法与前面几节数据库类似。在检索框中直接输入检索词"Five-Axis NC Machine Tool"，得到检索结果，如图 4-107 所示。

通过左侧文献类型、主题和年限等进行二次检索，如图 4-108 所示。

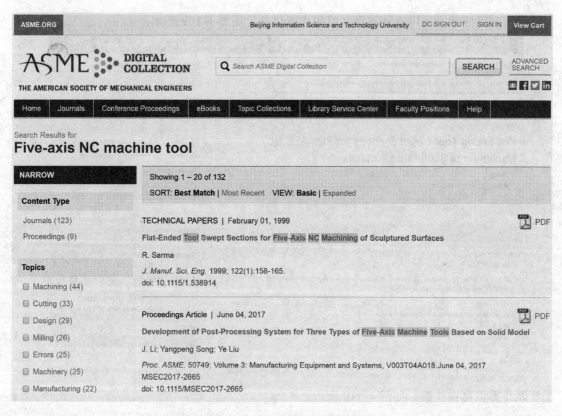

图 4-107　基本检索的检索结果

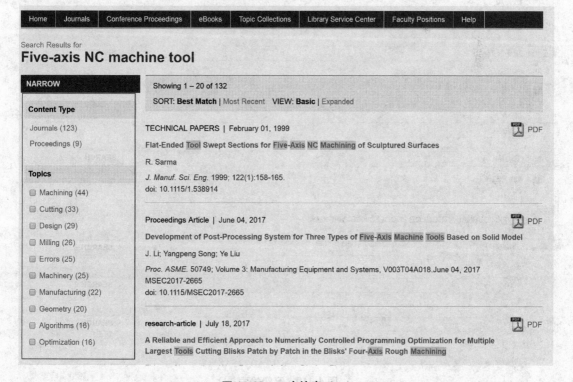

图 4-108　二次检索（一）

单击文献标题，可以查阅该篇文献的详细信息，如图4-109所示。

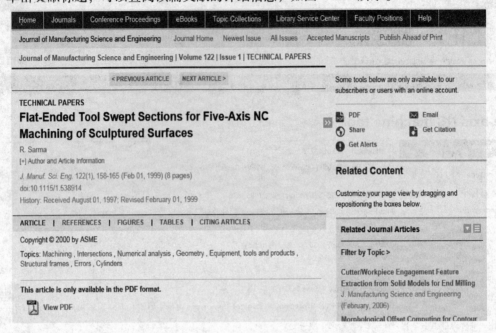

图4-109 文献详细信息

系统提供高级检索，如图4-110所示。

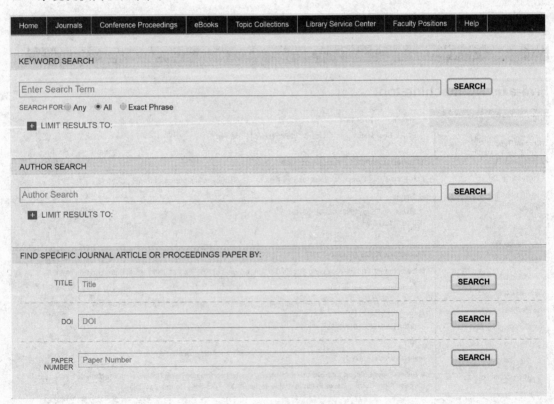

图4-110 高级检索

4.3.5 ScienceDirect 全文期刊数据库

Elsevier ScienceDirect 数据库（简称 SD，曾用名 Elsevier Science）是荷兰爱思唯尔（Elsevier）出版集团生产的世界著名的科学文献全文数据库之一。ScienceDirect 平台上的资源分为四大学科领域：自然科学与工程、生命科学、医学/健康科学、社会科学与人文科学，涵盖了 24 个学科，包括化学工程、化学、计算机科学、地球与行星学、工程、能源、材料科学、数学、物理学与天文学、农业与生物学、生物化学、遗传学和分子生物学、环境科学、免疫学和微生物学、神经系统科学、医学与口腔学、护理与健康、药理学、毒理学和药物学、兽医科学、艺术与人文科学、商业、管理和财会、决策科学、经济学、计量经济学和金融、心理学、社会科学等学科。通过一个简单直观的界面，研究人员可以浏览 2500 多种同行评审期刊，1200 多万篇 HTML 格式和 PDF 格式的文章全文，最早回溯至 1823 年。

检索方法如下：

1）简单检索（Simple Search）如图 4-111 所示。

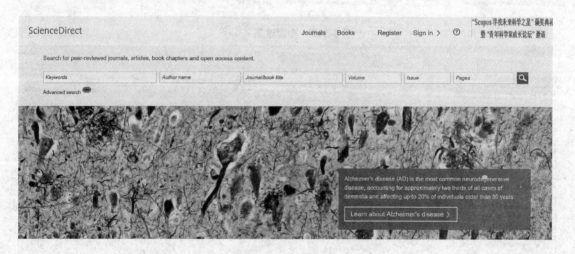

图 4-111 简单检索

直接在检索框内输入检索词、作者姓名、期刊名或图书名、卷、期、页进行检索。输入检索词"Five-axis NC machine tool"，如图 4-112 所示。

可以根据左侧年度、出版物和主题等进行二次检索和精炼，如图 4-113 所示。

2）高级检索（Advanced Search）。如果需要进行更详细的检索，在简单检索的界面单击"Advanced search"按钮，如图 4-114 所示。

高级检索提供 Find articles with these words、By these authors、In this journal or book title、Year、Volume、Issue、Page、DOI、ISSN 等检索入口，还提供文献类型限定等方式。在数据库主界面还提供开放获取资源目录，显示最新时段全学科下载量最高的 25 篇文章和最新出版的文章。

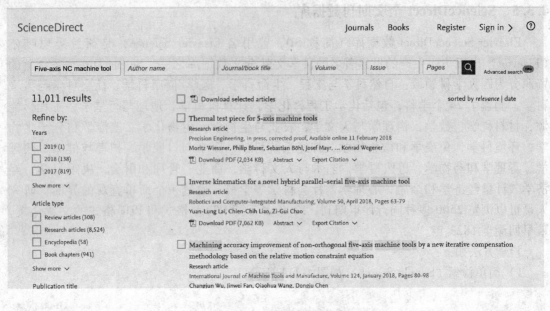

图 4-112　检索结果（一）

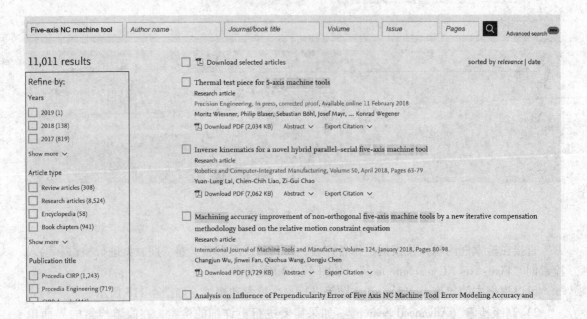

图 4-113　二次检索（二）

4.3.6　Springer 电子期刊数据库

德国施普林格（Springer-Verlag）是世界上著名的科技出版集团，通过 Springer Link 系统发行电子图书并提供学术期刊的检索服务。通过 Springer Link 可以免费阅览文摘，但获取全文需是注册订阅用户和期刊订购用户。

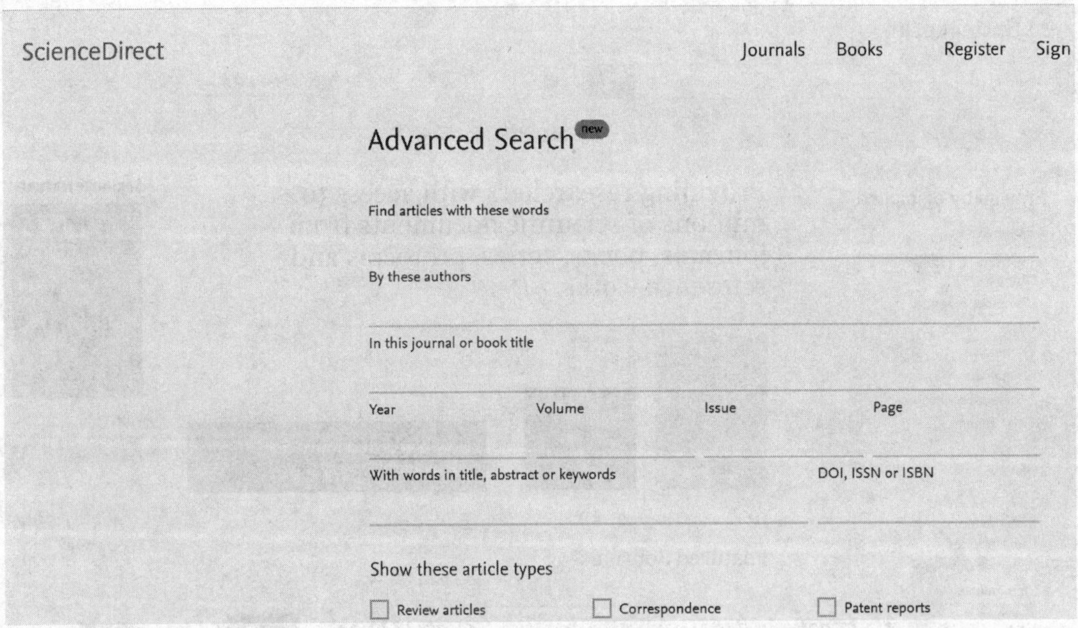

图 4-114　高级检索（一）

　　Springer Link 能够成为最受欢迎的在线科学平台之一，其中一个主要的原因是 Springer 每天都会新增高品质的内容：学会刊物、参考工具书、会刊、专著、手册、实验室指南及更多内容。当然，这不仅仅是内容数量的多寡问题，Springer 的内容全部提供参考文献链接、检索结果、社群书签以及最新的语义链接等功能，使用户可于更短时间之内获得更精确的搜索结果和相关内容。

　　Springer 电子书与电子期刊共同整合在 SpringerLink 平台上。提供 PDF 全文下载以及 HTML 在线浏览，此外还提供 PDF 预览功能，读者可以快速浏览电子图书的各个章节，在确认内容后再下载。检索方式支持简单关键词检索和高级检索，例如作者名检索；检索结果可以列表查看，Email 发送，以 CSV 格式导出，以及 RSS 推送。Springer 电子书可以与 Springer 电子期刊等产品互相链接，并且可以提供 OPEN URL，进而和图书馆的自由馆藏进行链接。读者可以对 Springer 电子书进行个性化设置，保存检索结果、数目和关键词，设计书签、设置电子邮件提醒等。提供语义链接功能、"相关文献"功能。

　　检索方法如下：

　　系统主界面提供一框式检索和高级检索。如图 4-115 所示，主界面有以下几部分内容：基本检索与高级检索、按学科浏览、按文献类型检索、特色期刊、特色图书。

　　在检索框输入检索词"Five-axis NC machine tool"后，在检索结果界面可以按文献类型、学科、子学科和语言等进行二次精炼，同时可以按照相关性、出版时间进行排序，可以下载全文的文献，在每篇文献，之后直接显示"Download PDF"，如图 4-116 所示。

　　点开文章标题，可以浏览文章的摘要、题目、期刊、关键词和 DOI 等相关信息。提供文章的计量信息、引用情况和社会网络分享，如图 4-117 所示。

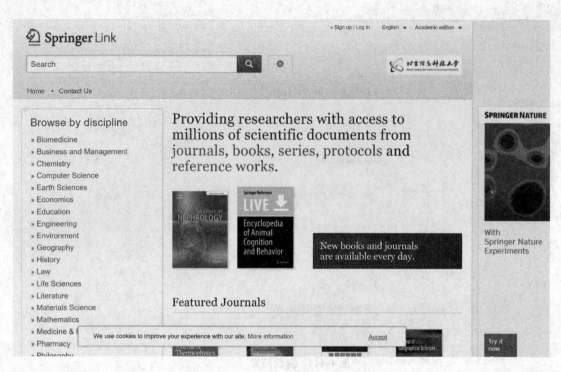

图 4-115　主界面（一）

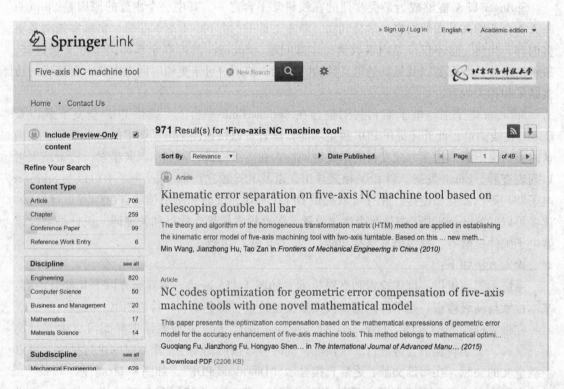

图 4-116　检索结果（二）

图 4-117　计量信息

4.3.7　Ebook Central 电子图书

主界面包含用户有访问权限的电子书及用户使用指南。此界面提供简单检索功能，但如果单击"Advanced Search"按钮也可以实现高级检索功能以及进入保存有当前登录的检索历史界面。

Ebook Central 电子图书（简称 EBC 电子书）是由 ebrary 电子书升级扩充之后的综合类电子书数据库，是美国 ProQuest 公司最主要的电子书数据库。目前该电子书平台共收录近 100 万种当代学术类电子书，出版社超过 1000 家。其中包括专业出版社、大学出版社、学协会出版社、研究机构、商业机构和国际组织。主要出版社有：Elsevier、Springer、Wiley、Taylor & Francis、Sage、Emerald、Artech House 出版社、O'Reilly 出版社、牛津大学出版社、剑桥大学出版社、麻省理工大学出版社、普林斯顿大学出版社、耶鲁大学出版社、哈佛大学出版社、爱丁堡大学出版社、帝国理工大学出版社、SPIE（光学成像工程师学会）、AMS（美国数学学会）、IET、AIAA（美国航空航天学会）、ASCE（美国土木工程师学会）、微软出版社、布鲁金斯学会和胡佛研究所等。全部书目中，近五年出版的电子书占比超过 30%。

系统提供简单检索、高级检索和浏览主题三种方式，如图 4-118 所示。

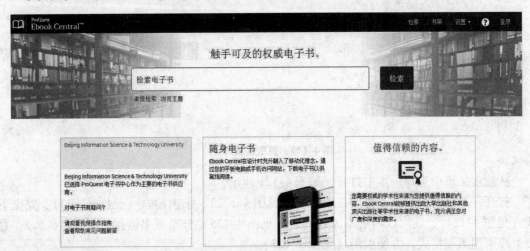

图 4-118　主界面（二）

简单检索模式下，在检索框中输入检索词"Electric Vehicle"，默认情况下检索结果以相关性来排序，但是还可以按照题名、作者、出版社和出版日期来重新排序。利用限定检索功能可以缩小搜索范围，如图 4-119 和图 4-120 所示。

图 4-119　简单检索

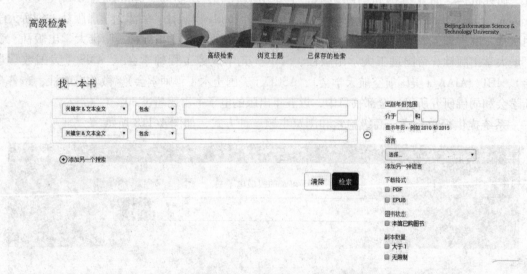

图 4-120　高级检索（二）

从检索结果中选择一本书打开，如图 4-121 所示。

打开一本已购买的书，可以在线阅读（见图 4-122），书内检索（见图 4-123），完全下载（见图 4-124），还可以将书添加到书架（见图 4-125）分享图书链接（见图 4-126），直接生成引用图书格式，方便引用（见图 4-127）。

单击标题，进入书的内容界面。

此界面可以快速显示正在查看的图书，而不需要下载安装任何阅读器软件。如果单击一本有访问权限的图书，系统会自动在快速查看模式下打开这本书。

在操作界面可以对内容进行整本下载、按章节下载、复制、打印、分享链接、获取引文、突出显示、添加笔记、添加书签、缩小、放大等。

第 4 章 科技文献检索系统

图 4-121 打开一本书

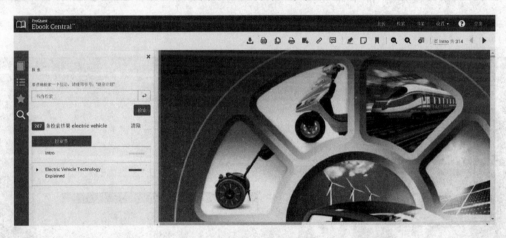

图 4-122 在线阅读

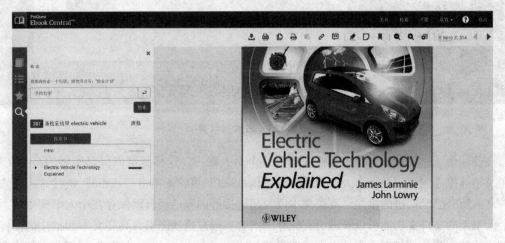

图 4-123 书内检索

图 4-124 完全下载

图 4-125 添加到书架

在使用个人书架功能之前,建议先建立一个个人账户,这样就可以保存所做的高亮文本、批注及超链接等内容。登录个人账户后单击"Bookself"页签或单击"signin"链接进入个人书架,之前所有已经做过的批注、高亮文本以及超链接等内容已经自动保存在个人书架中了。通过个人书架的文件夹功能可以管理所有保存的内容。通过拖拽图书,高亮文本和批注的图标就可以将这些内容放到相应的文件夹中。选择"All Documents & Annotations"可以将书架中所有已保存的信息都显示出来。单击文件夹顶部"RefWorks"和"EndNote",可以将此文件夹中的图书按照指定的引文格式输出,还可以将此文件夹通过电子邮件发给其他人。

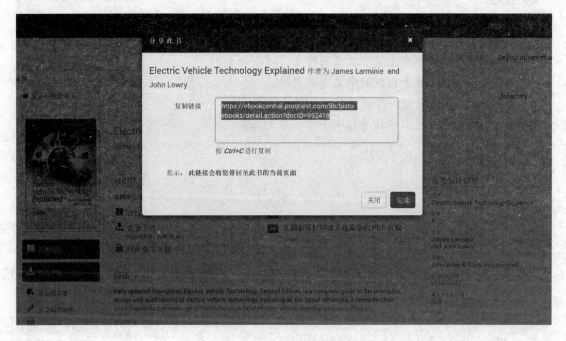

图 4-126　分享图书链接

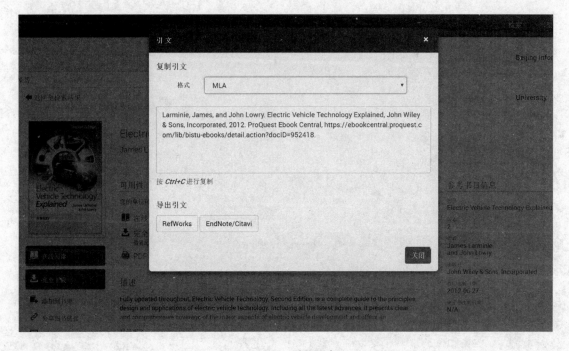

图 4-127　引用图书

思考题

1. 如何获得将要出版的新书信息和最新出版的新书信息？
2. 如何获得某期刊最新发表的论文？
3. 如何获得数据库上没有收录的博士、硕士论文？
4. 查找本专业最新出版的中文图书三种。
5. 查找本机构最近一年发表的期刊论文三篇。
6. 查找本专业近三年授予的硕士学位论文三篇。

第 5 章

科技论文的写作

科技论文是在科学研究、科学实验的基础上，对自然科学和专业技术领域里的某些现象或问题进行专题研究，运用概念、判断、推理、证明或反驳等逻辑思维分析和阐述，并揭示出这些现象和问题的本质及其规律性而撰写成的论文。科技论文区别于其他文体的特点，在于创新性科学技术研究工作成果的科学论述，是某些理论性、实验性或观测性新知识的科学记录，是某些已知原理应用于实际中取得新进展、新成果的科学总结。

在第 2 章中，已经提到了科技论文的规范形式，并指出按照规范形式撰写的学术论文，应该由前置部分、主体部分、附录部分和结尾部分组成。对于学位论文，需要按照国家规定的规范进行。对于一般的科技论文，一般需要由以下几项构成：

标题 Title
作者 Authors
单位 Affiliations
摘要 Abstract
关键词 Keywords
引言 Introduction
证明或实验步骤 Proof or Experimental Procedures
结果和讨论 Results and Discussion
附录 Appendix
致谢 Acknowledgments
参考文献和注释 References and notes

现按照上述项目的顺序分别讲解科技论文的各构成部分如何撰写。

5.1 如何拟定标题

标题又称为题目。目就是文眼，是文章借以显神的文字，是科技论文主题和中心内容的高度概括，直接反映主要研究内容，体现了论文的研究方向并明确界定了论文的研究范围。标题的英文是 title 或者 headline，即论文的首行。每篇论文给读者的第一印象就是论文的标题，人们从文摘、索引或题录等情报资料中，最先找到的也是论文的标题。好的标题，能使读者了解全文的内容，吸引读者进而阅读全文。

5.1.1 拟定标题的原则

拟定科技论文题目须新颖实际，体现创新性；科技论文的题目应简明扼要，准确地表达论文需要阐述的问题。题目范围越大，则材料越多，越难以成文。题目范围若小，则材料容易搜集整理，观点也容易集中，使得论文有所创新。题目拟定的要求为准确（accuracy）、简洁（brevity）、有效（effectiveness）和吸引人，最佳题目的标准是用最少的必要术语准确描述论文的内容，拟定时须遵循以下要点：

（1）用词切题有创意 标题是作者给论文取的名字。标题应准确而清晰地反映文章的内容和重点，标题要与研究内容相吻合。在已经充分掌握实验数据的前提下，撰写论文的过程为：暂定标题、着手行文，成文后再度斟酌，审视是否文题相符，最后确定标题。推崇按照文章的主题，可以直截了当地进行命题，如："基于姿态的多关节履带机器人越障控制"，通过标题，可以知道该篇论文研究的是多关节履带机器人的越障控制技术。以检测机器人自身姿态（而非环境尺寸）作为越障控制的基本依据，为提高机器人在楼梯、台阶等典型障碍环境中的自主越障的实用性，设计了多关节履带机器人的各种自主越障控制方法。

（2）文字精练、含义确切 论文的标题要能把全文的内容、研究的目的或者是所研究某些因素之间的关系，确切而生动地表达出来。标题的文字以精简为原则，但意义明确更为重要。必要时把重要的字尽可能靠前写。

在标题里的重要名词，应体现所研究领域涉及的关键技术术语，并写在重要和明显的位置。

论文标题要反复推敲，做到多一字无必要，少一字嫌不足。画龙点睛，恰到好处。可以多拟定几个标题，待论文写成后，择优选用。

标题的长短按照不同论文的内容而定，一般不超过20个字。英文标题要求不超过12个词或者75个字母书写符号。

在确定标题时，还要把中文翻译成英文，保持中、英文的对照以及通顺和准确等因素考虑进去。英文标题的字母大小写有以下三种形式：

1）全大写：PHASE BEHAVIOR OF POLYMER BLENDS。

2）每个实词的首字母大写，但冠词、连词和通常由四个以下字母组成的介词（the、and、in、at、on、by、via、for、from、over、with、near等）小写，如：Intermacromolecular Complexation Due to Specific Interaction。

3）题名第一个单词的首字母大写，其余小写，常用于目录、文献，如 Heat capacity measurements under high presure。

5.1.2 标题与论文主题的关系

在科技论文中，科技论文的题目与论文研究主题关系紧密，主题是文章的中心思想、核心内容，论文的题目就是论文主题的确切表述。以一个圆来表示论文论述的内容，那么题目仅是反映主题的一个点。如图5-1所示，当题目点处于圆的核心位置时，称为切题，犹如画龙点睛；当题目点不处于主题的核心位置时，称为偏题，不甚理想；当题目点落于主题圆的外面时，称为离题，就不可接受了。

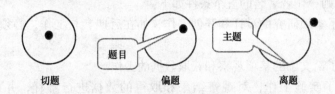

图 5-1　题目与论文研究主题的关系

拟定论文标题，要结合研究内容的关系。两者之间的关系大致概括为以下三类：

（1）同一关系　许多科技论文采用标题即研究主题的方式，题目就是论文的中心论点或是核心研究内容，例如："支持向量机方法在风电场风速预测中的应用研究"，标题即为论文的中心点：研究支持向量机方法在风电场预测中的应用。

（2）提示关系　标题只是提出了论文研究主题的方法但并不提示研究的结论，以增加读者对论述内容及结果的思考与悬念，如"不同类型络合物形成过程中灵敏跃进阵子强度增大规律的探讨"。

（3）导引关系　对于动态性、展望性和比较性的研究，论文的标题则是引导告诉读者论文的主题、研究目的和方向的标题，如："小波阈值去噪法的深入研究"。

5.1.3　几点注意事项

在拟定题目时，以下几点要引以为戒：

（1）在拟订题目时切忌大题小做　如一篇论文的题目为"论可靠性"，而论文的具体内容只是介绍可靠性的几种方法，因为"可靠性"这个概念非常大，对象不同，具体的可靠性的指标、测试可靠性的方法也不尽相同，以大的概念为题，容易导致挂一漏万，论文重点不突出，写得比较肤浅。

（2）不可随意拔高　翻看一些普通的学术性期刊，常常会看到很多论文的题目为："……机理的研究""……的规律（或模型）""……理论"等，但细看全文，并非属于研究所得出的"机理""规律"或模型等。还有的作者，得到了与前人结果略有不同的实验现象时，便不适当地夸大上升到"规律"。这些做法，都不能准确地表达论文的原意。

（3）力求通俗　避免使用特殊专业术语，随着科技的发展，每个学科的分工越来越细，各专业间的交叉、融合虽然很多，但学科自身的专业性日趋精深，产生了许多专业性的术语、符号、代号和表达式等特殊用语，以免妨碍读者的理解。

5.2　如何标署作者姓名

科技论文标署作者姓名，一是说明谁做了工作，二是说明谁对这些工作负责。签署作者姓名需注意以下内容。

5.2.1 署名的原则

（1）实事求是的原则　科技论文需要确认责任人、确认成果的所有权和责任的承担者。按照国际通常的规则，作者署名的五个条件如下：

1）必须参与了本项研究的设计和开创工作，如在后期参与工作，必须赞同前期的研究和设计。

2）必须参加了论文中的某项观察和获取数据的工作。

3）必须参与了实验工作，对观察结果和取得的数据进行解释，并从中导出论文的结论。

4）必须参与论文的撰写和讨论。

5）必须阅读过论文的全文，并同意其发表。

（2）作者与致谢对象区分的原则　对于仅仅参加部分工作而又对全面工作缺乏了解的人，不应作为作者署名，应该作为致谢的对象，列在文末的致谢部分。

5.2.2 署名的形式

1）个人研究成果，由个人署名，对研究工作给予直接帮助的人员，只能写在"致谢"里。

2）集体撰写的论文可署单位或小组名。

3）根据负责论文的程度，排列署名人员的前后顺序。

标署作者姓名应该在写作论文之前进行。标署作者首先要明确署名人是参与论文研究工作的人员，即所有署名人应对该文有所贡献，所有署名人应在投稿前全文阅读过该文；署名顺序是按照对论文学术贡献的大小程度确定的，这里要注意学术贡献大小与实际工作时间长短不成比例。当论文的作者不止一人时，现在比较通行的做法是将论文工作的主要作者或该论文报道的科研工作的首要发起人列为论文的第一作者。即使第一作者只是研究生，其他作者是实验室负责人等，一般都认为第一作者是论文的最重要作者，并认为论文报道的大部分研究工作都是由第一作者完成的。

5.2.3 如何标注作者工作单位

标注作者工作单位和通信地址，充分表明科技论文的科学性、严肃性和责任性。不能使用笔名、化名，还要承担接受同行、读者质询、研讨和进行学术交流的义务。因此作者的工作单位和通信地址必须是真实和准确的。

（1）准确性原则　有的论文作者不重视论文作者工作单位的申述：为了简便，把自己单位的简称撰写在论文上，这是不准确的，如不能把"北京信息科技大学"写成"北信科"。如果是在大专院校、科学院工作的，除了列出单位名称外，还要说明所在院、系或下属部门的名称，如"清华大学计算机学院""中国科学院大连化学物理研究所"等。

（2）简明性原则　工作单位和通信地址是为交流、联系提供方便，在叙述准确清楚的前提下，尽量简单，如在列出邮政编码后不需要列出区、街等。单位名称中已经有地名者，不必再加注城市名。署名表示论文作者声明对论文拥有著作权，愿意文责自负，同时便于读者与作者联系。署名包括工作单位及联系方式。

有时为进行文献分析，要求作者提供性别、出生年月、职务职称、电话号码和 Email 等信息。

5.3 如何写摘要

论文摘要的内容独立于正文而存在，是论文内容的简短陈述，能准确、具体、完整地概括原文的创新之处，目的是方便读者在短时间内了解、书写论文的实质性内容。

摘要的重要性可以从以下三方面来看：

1) 目前电子期刊数据库只有摘要是免费提供的，有许多读者只能阅读摘要而不能阅读全文，或根据摘要来判断是否需要阅读全文，因此摘要的清楚表达十分重要。

2) 审稿人一般用 15min 看摘要和引言，如果第一印象不好，会找理由建议主编退稿。

3) 摘要的读者面比论文全文的读者面大得多。根据内容的不同，摘要可分为以下三大类：报道性摘要、指示性摘要和报道指示性摘要。

① 报道性摘要（informative abstract）：也常称作信息性摘要或资料性摘要，其特点是全面、简要地概括论文的目的、方法、主要数据和结论。通常，这种摘要可以部分地取代阅读全文。

② 指示性摘要（indicative abstract）：也常称作说明性摘要、描述性摘要（descriptive abstract）或论点摘要（topic abstract），一般只用二三句话概括论文的主题，而不涉及论据和结论，多用于综述、会议报告等。该类摘要可用于帮助潜在的读者来决定是否需要阅读全文。

③ 报道指示性摘要（informative-indicative abstract）：以报道性摘要的形式表述一次文献中的信息价值较高的部分，以指示性摘要的形式表述其余部分。

摘要最好在文章各主要部分完成后再写，这样有利于文章要点的提炼。在摘要撰写中，摘要应体现作者的发现、见解及工作，须具体不空洞，要特别注意重点突出，切忌平淡无奇；切忌大篇幅描述背景信息，介绍常识内容，各种背景情况和他人的研究介绍能简则简，或一笔带过。摘要不用图、表、公式和照片等；语气上应避免第一人称，用第三人称。

摘要是对论文的内容不加注释和评论的简短陈述，是文章内容的高度概括。主要内容包括：该项研究工作的内容、目的及其重要性；所使用的实验方法；总结研究成果，突出作者的新见解；研究结论及其意义。

摘要用第三人称无主语句按现在进行时态写作，其开头为："对……进行研究""报道……进展""进行……调查"等；禁止使用"本文""作者"等主语；摘要不分段；引言中的内容不写入摘要；不对论文内容进行诠释及评论；绝不对论文自我评价；不简单重复标题中已有的信息；不出现数学公式、化学结构式，不出现插图、表格、缩略语、略称和代号等；摘要中不出现参考文献。

摘要写作方式如下：

对……进行研究，应用……方法，得到……结论，对……具有重要意义。

回答四个问题：

做了什么？

怎样做的？

结果如何？

原因是什么？

例1：以来自"振动与冲击"杂志模板为例，来看科技论文摘要的具体行文。

摘要：对岸桥起重机的有限元建模、约束处理做了分析与探讨，在此基础上就岸桥起重机系统进行了模态和动态响应分析（研究内容），得到了起重机系统前十阶振动频率、振型和位移响应时间历程（研究结论）。该结果对岸桥起重机设计中如何避免在工作频率范围上共振现象的产生及限制在动载时过大动变形的产生有实际意义（研究意义）。

例2摘要：为监测制造车间机械加工设备刀具的磨损程度，提出应用深度学习方法实施刀具的磨损监测（研究目的）。深度学习理论作为人工智能领域的最新研究成果，以其中的深度卷积神经网络构建刀具磨损监测的模型，给出刀具磨损监测的流程，采用微型铣床与无线三轴加速度计搭建了数据采集实验平台（研究内容）。实验结果表明，与其他两种常用深度神经网络以及传统神经网络模型相比较，所提基于深度学习方法监测过程简单，不仅具有较高的准确度与较低的损失函数值，还实现了刀具磨损程度分类（研究结论与意义）。

例3摘要：加工周期是晶圆制造系统的关键指标，进行准确的预测分析有助于帮助制订有效的调度排产计划（研究目的与意义）。利用晶圆智能制造系统的工业大数据提取出有效信息，提出了基于工业大数据的晶圆加工周期预测方法框架；针对生产线状态随时间推移动态变化、生产数据生命周期的问题，设计了预测模型的动态更新机制；考虑到生产线数据记录不准确的情况，比较了多种回归算法（研究内容），以实例验证了所提方法的有效性（研究结论）。

英文"摘要"项目名称规定为"Abstract"，内容主要包括研究的目的、方法、结果和结论，具有相对独立性、自明性，能量化的尽量加以量化，给读者提供主要信息，不要把与论文无关或关系不大，以及本学科已经成为常识性的东西写在英文摘要里。其标点符号用英文形式，要求尽量用简单的句子，使用合适的时态，尽量使用被动语态，切忌使用无主语句子。常用的英语表达方式如下：

1）研究范围。

To be carried out (performed, made, conducted, studied, Investigated, described, dealt with, given, presented, developed, observed, tested, calculated, proposed, evaluated, discussed)

2）实验要点。

To be obtained via condensation…

By means of …

By using …

By the use of …

Using …as …

In the range of …

In the presence of …

3）主要结论。

The results indicate that…

The results show that…

The results demonstrate that…

It was shown that…
It can be seen that…
It was found that…
It was concluded that…
It has been demonstrated that…
It is suggested that…

4）结果解释。
To be due to…
To be attributed to …
Maybe …
To be assigned to…
To be interpreted on the basis of …
Can be caused by…
Maybe explained by…
Originate in…
To be discussed in terms of …

5.4 如何写关键词

关键词是为了对文章进行检索而做的标引，是表达文献主题概念的自然语言词汇。通常放在摘要与正文论之间。

科技论文的关键词是从其题名、层次标题和正文中选出来的，能反映论文主题概念的词或词组。通常每篇论文选出3~5个词。

5.4.1 关键词分类与标引

关键词包括叙词和自由词。

1）叙词。指收入《汉语主题词表》《MeSH》等词表中可用于标引文献主题概念的，即经过规范化的词或词组。

2）自由词。反映该论文主题中新技术、新学科尚未被主题词表收录的新产生的名词术语或在叙词表中找不到的词。

为适应计算机自动检索的需要，GB/T 3179—2009规定，现代科技期刊都应在学术论文的摘要后面给出3~5个关键词（或叙词）。

关键词的标引应按GB/T 3860—2009《文献叙词标引规则》的原则和方法，参照各种词表和工具书选取；未被词表收录的新学科、新技术中的重要术语以及文章题名的人名、地名也可作为关键词标出（自由词）。

所谓标引，是指对文献和某些具有检索意义的特征（如研究对象、处理方法和实验设备等）进行主题分析，并利用主题词表给出主题检索标识的过程。对文献进行主题分析，是为了从内容复杂的文献中通过分析找出构成文献主题的基本要素，以便准确地标引所需的叙词。标引是检索的前提，没有正确的标引，也就不可能有正确的检索。科技论文应按照叙词的标引方法标引关键词，并尽可能将自由词规范为叙词。

5.4.2 标引关键词应遵循的基本原则

关键词的选择原则，建议可以从研究的对象、性质和采取的方法（手段）选取，也可以遵守以下原则：

（1）专指性原则 一个词只能表达一个主题概念为专指性。只要在叙词表中找到相应的专指性叙词，就不允许用词表中的上位词（S项）或下位词（F项）；若找不到与主题概念直接对应的叙词，而上位词确实与主题概念相符，即可选用，如："飞机防火"在叙词表中可以找到相应的专指词"专机防火"，那么就必须优先选用。不得用其上位词"防火"标引，也不得用"飞机"与"防火"这两个主题词组配标引。

（2）组配原则 叙词组配应是概念组配。概念组配包括以下两种类型：

1）交叉组配。交叉组配是指两个或两个以上具有概念交叉关系的叙词所进行的组配，其结果表达一个专指概念。例如："喷气式垂直起落飞机"，可用"喷气式飞机"和"垂直起落飞机"这两个泛指概念的词确切地表达叙词表中没有的专指概念；"肾结石"可用"肾疾病"和"结石"这两个叙词表示一个专指概念。

2）方面组配。方面组配是指一个表示事物的叙词和另一个表示事物某个属性或某个方面的叙词所进行的组配，其结果表达一个专指概念。例如："信号模拟器稳定性"可用"信号模拟器"与"稳定性"组配，即用事物及其性质来表达专指概念；"彩色显像管荧光屏涂覆"，可用"彩色显像管""荧光屏（电子束管）"和"涂覆"三个词组配，即用事物及其状态、工艺过程三个方面的叙词表达一个专指概念。

在组配标引时，优先考虑交叉组配，然后考虑方面组配；参与组配的叙词必须是与文献主题概念关系最密切、最邻近的叙词，以避免越级组配；组配结果要求所表达的概念清楚、确切，只能表达一个单一的概念；如果无法用组配方法表达主题概念时，可选用最直接的上位词或相关叙词标引。

（3）自由词标引 下列几种情况关键词允许采用自由词标引：

1）主题词表中明显漏选的主题概念词。
2）表达新学科、新理论、新技术和新材料等新出现的概念。
3）词表中未收录的地区、人物和产品等名称及重要数据名称。
4）某些概念采用组配，其结果出现多义时，被标引概念也可用自由词标引。

自由词尽可能选自其他词或较权威的参考书和工具书，选用的自由词必须达到词形简练、概念明确、实用性强。采用自由词标引后，应有记录，并及时向叙词表管理部门反映。

5.4.3 关键词的标引步骤

关键词是论文信息的最高度的概括，是论文主旨的概括体现，因此选关键词必须准确恰当，必须反映论文主旨。首先对文献进行主题分析，弄清该文的主题概念和中心内容；尽可能从题名、摘要、层次标题和正文的重要段落中抽出与主题概念一致的词和词组；对所选出的词进行排序，对照叙词表找出哪些词可以直接作为叙词标引，哪些词可以通过规范化变为叙词，哪些叙词可以组配成专指主题概念的词组；还有相当数量无法规范为叙词的词，只要是表达主题概念所必需的，都可作为自由词标引并列入关键词。在关键词标引中，应很好地利用《汉语主题词表》和其他叙词表，标引过程应该查表；切忌主题概念分析和词的组配有误；要控制自由词标引的数量。

可以从论文标题中提取，如研究对象、研究方法等。

如标题：基于姿态的多关节履带机器人越障控制

关键词：多关节履带机器人，基于姿态，越障控制

如标题：基于 RFID 技术的离散制造车间实时数据采集与可视化监控方法

摘要：为提高离散制造车间多品种、小批量生产过程的透明度和生产决策制定的实时性，提出一种基于无线射频识别技术的离散制造车间实时数据采集和可视化监控方法。在提出四种典型无线射频识别监控模式的基础上，揭示了离散制造车间中无线射频识别技术应用的本质，为无线射频识别配置提供指导。设计了一种事件驱动的无线射频识别数据采集单元模型，用于采集零件的状态、事件、时间和质量等实时信息；基于该模型依次建立了加工工序、工序流、批次与批量的无线射频识别监控模型，实现了对离散制造车间生产过程的可视化监控；提出一种无线射频识别数据处理方法，为车间可视化监控提供了业务逻辑信息。设计了基于无线射频识别的车间数据采集与监控系统的功能架构，并开发了相应的原型系统，通过简单的案例验证了所提方法和模型的可行性。

关键词：无线射频识别，离散制造车间，数据采集，可视化监控，配置

从论文内容中提取，如果标题不能完全反映文章研究内容，可以从论文中选取与论文主题关系密切的关键词。

标题：基于领域本体和 CBR 的案例知识检索方法

摘要：为解决汽车覆盖件模具设计经验依赖性强、隐形设计知识重用效率低、案例知识检索条件要求高、精确度低等问题，针对结构设计知识多源、异构、动态的特点及现有 CBR 方法的不足，建立了覆盖件模具设计知识的领域本体模型，构建了各本体概念之间的逻辑关系，并提出一种新的案例设计知识检索重用方法。该方法引入基于语义距离、节点深度和节点密度的数学模型，利用语义相似度计算和 CBR 原理结合（S-CBR）的方法，实现了设计案例知识的双层检索和快速重用，提高了检索效率和准确率，并开发了模具设计支撑系统。最后，以模具结构设计为例验证了所提方法的可行性和有效性。

关键词：模具设计，领域本体，语义相似度，基于案例的推理，汽车覆盖件，产品设计

有英文摘要的论文，应在英文摘要的下方著录与中文关键词相对应的英文关键词。

5.5 如何写正文

正文是论文的主体部分，呈现科技论文的创新成果，如：

1）理论研究获得的新理论、新进展。

2）通过科学实验得到的新发明、新产品、新方法和新技术。

3）借助推理、比较、验证和实验证明得出的新结论、新发现。

科技论文主要由引言、方法或证明或实验过程、结果或讨论三部分组成，这三部分相互呼应、相辅相成，将论文的核心内容介绍的层次分明、主题突出。具体要求有如下几点：论点明确、论据充分、论证合理；事实准确、数据准确、计算准确、语言准确；内容丰富，文字简练、避免重复、烦琐；条理清楚，逻辑性强，表达形式与内容相适应；不泄密，对需保

密的资料应进行技术处理。下面具体分析这三部分如何撰写:

5.5.1 引言

引言又称为前言、导言、序言、绪言和绪论,它是一篇科技论文的开场白,由它引出文章,所以写在正文之前。

引言是比较难写的部分之一,要写好引言最重要的是要保持鲜明的层次感和极强的逻辑性,这两点是紧密连接的,即在符合逻辑性的基础上建立层层递进的关系。

如何准备写引言?

写引言部分,需要阅读相当数量的国内外文献、资料,写引言之前如何进行准备?可以按以下步骤:

1)先读综述,以便更好地认识所研究的课题。可以知道已经做出什么,自己要做什么,还有什么问题没有解决。国外的综述多为本学科的资深人士撰写,涉及范围广,可以让人事半功倍。先读国内文献,迅速了解研究领域的入口。在此之后,再看外文文献。

2)有针对性地选择文献。针对自己的方向,找相近的论文来读,从中理解文章中回答什么问题,通过哪些技术手段来证明,有哪些结论?从这些文章中,了解研究思路、逻辑推论,学习技术方法。

可以通过下列方法查找文献:

① 关键词、主题词检索。关键词、主题词一定要选好,保证所要内容的全面。主题词不同,研究的内容也不同。

② 检索某个学者。了解研究领域有建树的学者,找他近期发表的文章,如机械工程领域的谭建荣院士、监控监测领域的高金吉院士等。

③ 参考综述检索,如果有与自己课题相关或有切入点的综述,可以根据相应的参考文献找到那些原始的研究论文。

注意文章的参考价值,从刊物的影响因子、文章的被引次数能反映文章的参考价值。但要注意引用这篇文章的其他文章是如何评价这篇文章的。

3)如何阅读中外文献。阅读顺序,根据阅读目的选择合适的顺序。一般先看摘要(Abstract)、引言(Introduction),然后看讨论(Discussion),最后看结果(Result)和理论方法(Method),并结合图表。

首先注重摘要,摘要可以说是一个论文的窗口。多数文章看摘要,少数文章看全文。真正有用的全文并不多,过分追求全文是浪费,不可走极端。

对于外文文献,多数时候浏览文章题目、摘要、图形(Figure),即可掌握文章主旨。通读全文,读第一遍的时候一定要认真,争取明白每句的大意,能不查字典最好先不查字典。因为读论文的目的并不是学英语,而是获取信息,查了字典以后思维会非常混乱,往往读完全文不知所谓。可以在读的过程中将生词标记,待通读全文后再查找其意思。

归纳总结,较长的文章,容易遗忘。好在虽然论文的句子都长,但每段的句数并不多,可以每一段用一个词组标一个标题。

确立句子的架构,抓住主题。西方人的文献注重逻辑和推理,从头到尾是非常严格的,进行的是大量重复、新旧观点的支持和反驳,有严格的提纲,尤其是好的杂志体现得越突出。读每一段落都要找到它的主题,往往是很容易的,大量的无用信息可以一带而过,节约宝贵时间和精力。

增加阅读量，提高阅读效率。集中时间看文献，做好记录和标记，复印或打印的文献，直接用笔标记或批注。PDF 或 HTML 格式的文献，可以用编辑器标亮或改变文字颜色。这是避免时间浪费的又一重要手段，否则等于没看。

4）文献的整理。当下载电子版文献时（CAJ、PDF、HTML），把文章题目粘贴为文件名（文件名不能有特殊符号），不同主题存入不同文件夹，文件夹的题目要简短。

看过的文献归入子文件夹，要把有用的和没用的分开。

重要文献，根据重要程度，在文件名前加 001、002、003 编号，然后按名称排列图标，这样，最重要的文献就排在最前了。

如何写引言？

① 阐述自己研究领域的基本内容，要尽量简洁明了，一些显而易见的知识要用概括性的而不是叙述性的语言来描述。

② 文献总结回顾，要特别着重笔墨来描写。

一方面要把该领域内过去和现在的状况全面概括总结出来，不能有丝毫的遗漏，特别是最新的进展和过去经典文献的引用。

另一方面，文献引用和数据提供一定要准确，切记避免片面摘录部分结果而不反映文献的总体结果；引用的数据也要正确，特别是间接引用的数据（即不是从原文献中查到，而是从别人文献中发现的另一篇文献的数据）；此外，引用文献时注意防止造成抄袭的印象，即不要原文抄录，要用自己的话进行总结描述。

③ 分析过去研究的局限性并阐明自己研究的创新点。

当阐述局限性时，需要客观公正评价别人的工作，不要把自己研究的价值建立在贬低别人的工作之上，一定要遵循实事求是的原则来分析。

在阐述自己的创新点时，要紧紧围绕过去研究的缺陷性来描述，完整而清晰地描述自己的解决思路。

文章要抓住一点进行深入的阐述，只要能够很好地解决一个问题，就是篇好文章；创新性描述得越多、越大，越容易被审稿人抓住把柄。中文文章的特点是创新性要多要大，而英文文章的特点恰恰相反，深入系统地解决一到两个问题就算相当不错。

④ 总结性描述论文的研究内容，为引言做最后的收尾工作。但是写完之后，还是要慎之又慎地仔细修改，琢磨每一个句子是否表达得恰当准确。

5.5.2 方法、证明或实验过程

方法、证明或实验过程主要是分析、解决问题，阐述问题的实质、特点及表现形式，回答解决问题的途径以及可能或现实的解决效果。该部分反映作者运用掌握的材料和方法论述论文的论点、分析论据、具体达到预期目标、得出结论的研究过程，篇幅最长，是科技论文的核心组成部分。

方法、证明或实验过程的重要性在于完整和科学，完整就是实验当中的每一个环节都要注意到，不要顾此失彼，遗漏一些重要内容。这一部分可按实验对象、实验设备、实验材料、实验记录和实验分析方法等来组织行文，在撰写过程中要注意如下内容：

1）实验对象的基本信息要描述明确，对涉及人和动物的实验要注意国外刊物大多对此类实验都有一些特定要求，有些是不允许在人或动物身上进行的实验操作，这需要认真阅读投稿刊物中关于实验的详细规定。如果违反这一规定，可能会不能通过评审或发表。

2）实验设备。要对仪器型号、生产厂家、实验过程中的用途等进行详细说明；实验设备之间的连接要科学正确，不要给人混乱或操作错误的感觉。

设备使用时一些必要的步骤不可或缺，尤其是可能对实验结果造成特定影响的操作更要详细说明。这样做的好处是为了在讨论中能够进行对应的分析，如，一些设备在使用前要校正，有的要求每阶段实验之后都要重新校正，以保证结果的正确性；一定要详细说明操作步骤或校正过程，便于评审人分析结果。

3）实验材料。不同学科有不同要求。总体上来说要注意说明材料选择的必要性，也就是对为什么要选择这种材料，最好有一定的说明。如果这点描述不清，可能会导致整个实验过程不成立。

4）实验过程。就是清楚描述实验的整个操作流程，一般要附以实验流程图进行说明。流程图的画法很多，有文字式的，有文字和示意图结合的，不同实验有不同做法。一般来说，可能后者多一些（实验性学科尤其如此），因为这样能使评审人对实验过程一目了然。如果示意图画得漂亮，还可以增加一些印象分。描述时要有鲜明的层次感，对每个步骤之间的顺序和关联要描述清楚，不要造成实验过程混乱不堪的印象，因为评审人最终判断实验是否合理，是从这个过程描述得来的。

5.5.3 结论或讨论

科技论文一般在正文后面要有结论。

结论是实验、观测结果和理论分析的逻辑发展，是将实验、观测得到的数据、结果，经过判断、推理和归纳等逻辑分析过程而得到的对事物的本质和规律的认识，是整篇论文的总论点。

结论的内容主要包括：研究结果说明了什么问题，得出了什么规律，解决了什么实际问题或理论问题；对前人的研究成果做了哪些补充、修改和证实，有什么创新；本文研究的领域内还有哪些尚待解决的问题，以及解决这些问题的基本思路和关键。

对结论部分写作的要求如下：

1）应做到准确、完整、明确、精练。结论要有事实、有根据，用语斩钉截铁，数据准确可靠，不能含糊其词、模棱两可。

2）在判断、推理时不能离开实验、观测结果，不做无根据或不合逻辑的推理和结论。

3）结论不是实验、观测结果的再现，也不是文中各段的小结的简单重复。

4）对成果的评价应公允，恰如其分，不可自鸣得意。证据不足时不要轻率否定或批评别人的结论，更不能借故贬低别人。

5）写作结论应十分慎重，如果研究有创新但不足以得出结论，宁肯不写也不妄下结论，可以根据实验、观测结果进行一些讨论。

这部分要求阐述解决问题的意义，提出一些推论、预言及深入研究的设想。结论应当体现作者更深层的认识，且是从全篇论文的全部材料出发，经过推理、判断和归纳等逻辑分析过程而得到的新的学术总观念、总见解。结论是作者学术思想的升华，是论文最精彩的部分。结论必须客观、严谨、准确、鲜明，切勿滥用模糊词语，如"也许""大概""可能"等。

写结论应严肃思考、深化认识。对复杂的材料、现象或结果，不能停留在浅层次，草率下结论。结论的要求是翔实准确。准确指的是结果必须是真实的，不能伪造和篡改。翔实指的是提供最全面的分析结果，把一切从实验中得到的结果都提供给读者，不要故意隐瞒或遗漏某些重要结果。从某种意义上来说，结果不够翔实并不导致论文直接被拒，但结果的真实性被怀疑文章就肯定被拒。另外，不能随意"拔高"结论的意义，如，某些因果关系的初步认识，不能说成发现了某某定律。

通常，结论包括以下内容：
① 作者根据观察、实验、测量和调研资料，经过理论研究所形成的见解。
② 作者对深化研究的设想。
③ 作者对实现技术思想的具体建议。
④ 从论文总体观点中引申的推论、预测。

若论文很难得出明确结论，就不可写结论，而转为讨论实验结果。若实验中发现了反常现象或无法解释的结果，应在结论部分写明，把问题提出来，留待他人解决。

结论和讨论的侧重点不同：结论介绍研究结果（必要时应使用图表），对重要研究结果进行描述和说明；讨论探讨所得到的结果与研究目的或假设的关系，与他人研究结果的比较与分析，对研究结果的解释（是否符合原来的期望），重要研究结果的意义（推论），研究展望等。

5.6 如何致谢

在研究工作和撰写论文过程中，大都得到了他人帮助，为尊重他人和表示礼貌，一般应在论文后面致谢。根据帮助的具体内容，致谢对象可分为以下四类：
1）对研究工作提供财力资助的组织或个人。
2）对研究工作提供便利条件的组织或个人。
3）对撰写论文提出具体建议的人。
4）对观点、资料或图片等给予转载和引用的版权所有者。

归纳起来，致谢的对象主要有以下两类：
1）经费上予以支持的，如国家自然科学基金。写基金时一般要标注清楚基金号码（Grant Number），只有这样才算是该项基金的研究成果，也可以算作实验室的研究成果。没有任何一项研究成果是在没有资金资助的情况下完成的，所以这一点非常必要。
2）在技术上、方法上、条件、资料和信息等工作方面给予支持帮助的。如对参与人员（没有列在作者中的研究人员）和单位表示感谢，如果通过一审和最终接受发表，还要添上对编辑（editor）和匿名审稿人（anonymous reviewers）的感谢，这是基本礼貌。

致谢的措辞应简明、谦虚、得体，例如："在论文资料收集过程中，得到某某同志的帮助，谨此致谢"。另外，感谢他人的帮助应实事求是，恰如其分。

致谢的形式要具体参阅期刊的投稿指南的作者须知，尤其是对于感谢有关基金资助的信息，有些期刊要求将其放到"致谢"中，有些则要求将其放到论文首页的脚注。

5.7 如何引用参考文献

在科技论文中，凡是引用前人（包括作者自己过去）已发表的文献中的观点、数据和材料等，都要对它们在文中出现的地方予以标明，并在文末（致谢段之后）列出参考文献表。这项工作叫作参考文献著录。

科学研究具有继承性，需要研究者充分了解前人的工作，吸收前人的研究精华，开拓创新。因此，撰写科技论文不可避免地要引用、参考别人的文献。

论文列参考文献，一是交代作者的研究背景，反映出真实的科学依据，介绍他人的研究成果，又便于感兴趣的读者查阅，进行深入研究。二是体现严肃的科学态度，分清观点或者成果的归属，对前人或者别人劳动成果的尊重。

参考文献的来源主要如下：

1) 期刊论文或会议论文。
2) 学位论文。
3) 书籍。
4) 技术报告。
5) 专利。
6) 档案资料。

参考文献（即引文出处）的类型以单字母方式标识：M——专著，C——论文集，N——报纸文章，J——期刊文章，D——学位论文，R——报告，S——标准，P——专利；对于不属于上述的文献类型，采用字母"Z"标识。

引用参考文献需注意如下内容：

1) 参考文献的出处必须准确和能够查到。一些正在印刷或未发表的论文、摘要等，不宜列为参考文献。

2) 参考文献应是撰写论文真正参考的，不能为引而引，作者没有阅读或与论文主题无关的，不能列为参考文献。

参考文献的引用数量要视具体情况而定，若是以报导新发现、新发明为目的的论文，引用文献不必太多，几篇即可；若为学位论文，则应数十篇乃至上百篇；若为投期刊或会议的论文，最好15篇左右；参考文献在文中的出现顺序从［1］开始，顺序下排。

以国家标准 GB/T 7714—2015《信息与文献参考文献著录规则》，进行参考文献书写的说明。凡论文引用他人的文章、数据、论点和材料等，均应按出现先后顺序标注数码，依次标出参考文献的出处。引用参考文献用括号和阿拉伯数字，标注在引文文献的作者姓名右上角。

主要参考文献的格式如下：

1) 连续出版物（期刊）.作者.文题［J］.刊名，年，卷（期）：引文页码.

示例：

［1］李旭东，宗光华，毕树生，等. 生物工程微操作机器人视觉系统的研究［J］. 北京航空航天大学学报，2002，28（3）：249-252.

［2］HEIDER E R, OLIVER D C. The Structure of Color Space in Naming and Memory of two languages［J］. Foreign Language Teaching and Research, 1999, (3): 62-67.

2）专著（或译著）。著者. 书名［M］. 其他责任者（选择项）. 版次. 出版地：出版者，出版年：引文页码.

示例：

［1］张志建. 严复思想研究［M］. 桂林：广西师范大学出版社，1989.

［2］孙家广，杨长青. 计算机图形学［M］. 北京：清华大学出版社，1995：26-28.

［3］GILL R. Mastering english literature［M］. London：Macmillan，1985：42-45.

注：序号以增序排列。文献中最多保留三个作者，多出的人名去掉，中文加"，等"，英文加"，et al"；版本为第一版不用注明。

3）论文集。作者. 文题［C］. 出版地：出版者，出版年：引文页码. 或者：作者. 标题［C］. 会议名称，会址，会议年份，页数.

示例：

［1］戴亚平，姜增如，许向阳. 基于网络的远程控制实验系统设计与应用展望［C］. 北京：中国自动化学会第20届青年学术年会，2005：223-225.

［2］TAY D B H, ABEYSEKERA S S, BALASURIYA A P. Audio signal processing via harmonic separation using variable Laguerre filters［C］. Proceeding of IEEE International Symposium on Circuits System，Bangkok，Thailand，2003（3）：558-561.

4）学位论文。作者. 文题［D］. 所在城市：保存单位，年.

示例：

［1］刘伟. 汉字不同视觉识别方式的理论和实证研究［D］. 北京：北京师范大学心理系，1998.

［2］张筑生. 微分半动力系统的不变集［D］. 北京：北京大学数学系数学研究所，1983.

［3］CALMS R B. Infrared spectroscopic studies on solid oxygen［D］. Berkeley：Univ. of California，1965.

5）专利文献。申请者. 专利题名：专利号［P］. 发布日期.

示例：

［1］姜锡洲. 一种温热外敷药制备方案：881056073［P］. 1989-07-06.

［2］KOSEKI A, MOMOSE H, KAWAHITO M, et al. Compiler：828402［P/OL］. 2002-05-25［2002-05-28］. http：//211. 152. 9. 47/sipoasp/zligs

6）技术报告。作者. 标题［R］. 出版地：出版者，出版年份：引文页码. 或者：作者. 文题：报告代码及编号［R］. 地名：责任单位，年份.

示例：

［1］冯西桥. 核反应堆压力管道与压力容器的LBB分析［R］. 北京：清华大学核能技术设计研究院，1997：9-10.

5.8 科技论文的注意事项

5.8.1 关于变量、缩写和单位

科技论文中变量字体为Times New Roman，标量变量为斜体，矢量变量为斜粗体；冗长

的名词术语首次出现时需写出中文全名,后加括号标出英文全称和缩写,以后可用英文缩写;关于单位尽量采用国际单位制且在同一论文中不要出现下面的单位混用现象,其他非单位的名词也要一致,如:电势/电位,反应速度/反应速率。

5.8.2 图和表

在分析解决问题中,图和表是实验、统计结果的有效表达形式。虽然有些结果可用文字叙述,但用表格更清晰、简单、一目了然;插图(包括图、画、照片)能生动表述实验、统计结果中的变化趋势,但不能精确地反映数据,而表格却能精确反映数据。因此,当论文进行统计分析时,应以表为主,插图为辅。论文附表、图,是为了精细、准确地说明作者的学术观点。若达不到这一目的,使用表、图就失去了意义。

设计表格最重要的是选择、处理数据。一般来说,应优先选择那些转折点数据和实例。表内数据排列应体现一定的逻辑关系,表内数据不宜太多,能说明问题即可,否则会显得累赘。科技论文中,插图能精确、简洁、清晰地反映作者的某些学术思想,提供文字不能提供的信息。

在科技论文中图、表应有自明性,且随文出现。图包括曲线图、构造图、示意图、图解、框图、流程图、记录图、布置图、地图、照片和图版等。图应具有自明性,即只看图、图题和图例,不阅读正文,就可理解图意。每一图应有简短确切的题名,连同图号置于图下。必要时,应将图上的符号、标记、代码,以及实验条件等,用最简练的文字,横排于图题下方,作为图例说明。

表应有自明性,大多使用"三线表",必要时可加辅助线,表的内容切忌与图和文字内容重复。每一表应有简短确切的题名,连同表号置于表上。必要时应将表中的符号、标记、代码,以及需要说明事项,以最简练的文字,横排于表题下,作为表注,也可以附注于表下。表内同一栏的数字必须上下对齐。表内不宜用"同上""同左"":"和类似词,一律填入具体数字或文字。表内"空白"代表未测或无此项,"—"或"……"(因"—"可能与代表阴性反应相混)代表未发现,"0"代表实测结果确为零。如数据已绘成曲线图,可不再列表。有的期刊杂志要求图和表的标题带英文翻译。

表和图作为展示论文结果的重要形式,可直接置放论文当中,或者也可以放在附录中。图和表需:①要有编号,如图1和表1;②标题要准确,反映图表的内容;③图表要有完整性。图中的坐标轴变量和单位要规范,曲线不能太细,子图也要有图题;引用别人的插图要注明文献出处。图5-2所示为摩擦片平均摩擦系数随压力的变化趋势。

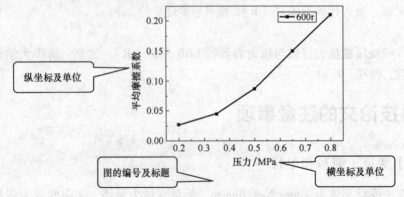

图5-2 摩擦片平均摩擦系数随压力的变化趋势

不同杂志对图表要求不完全一致，应根据杂志要求分别对待。表格能清晰展示论文获得的第一手结果，便于后人在研究时进行引用和对比。图示能将数据的变化趋势灵活地表现出来，更直接和富于感染力。图表结合，能取长补短，使结果展现更丰富。

目前，大家越来越喜欢提供各种各样的图，但杂志却要尽量限制图的个数；因为会增加排版的困难，版面费和出版社的支出也就会增加。因此，建议大家在提供图时，尽量用最少的图提供最多的信息，最多不超过八个。每个杂志对图片格式的要求不同，用 tif 格式较多，不推荐用 bmp（jpg 更不能用）。有人说用矢量图清楚些，其实和 tif 没什么区别，只要足够清晰就行。黑白图片可免费，彩色图片绝对要收费，而且价格不菲。

三线表以其形式简洁、功能分明、阅读方便而在科技论文中被推荐使用。三线表通常只有三条线，即顶线、底线和栏目线（见表5-1，注意：没有竖线），其中顶线和底线为粗线，栏目线为细线。当然，三线表并不一定只有三条线，必要时可加辅助线，但无论加多少条辅助线，仍称为三线表。三线表的组成要素包括：表序、表题、项目栏、表体、表注。

表 5-1 （表头，包括表的编号和表的标题）

方法	绝对误差	相对误差
A		
B		
C		

用 Word 制作三线表，方法如下：

1）选择菜单栏"表格"-"插入表格"，插入一个行 4 列 3 的表格，再将表格的边框去掉，选择整个表格，单击"表格属性"上的"边框和底纹"即可将表格的边框线条全部去掉，边框和底纹的对话框如图5-3 所示。

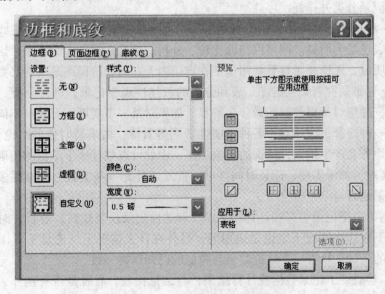

图 5-3 边框和底纹的对话框

2）先对表格添加底线和顶线条，同样的方法将表格选中，打开菜单栏上"格式"-"边框和底纹"，然后在右边的各种线条上，为其添加顶线和底线，再设置其线条宽度大小粗细，单击"确定"按钮即可。

3）为其表格加第三条线。选择第一行的表格，在选择"边框和底纹"右边的线条上选择添加"下框线"，再设置线条粗细大小即可，这样就制作三线表了。

在描述一个图或一个表的时候，对于描述图或表的句子放置的位置是不一样的，而且都是有固定格式的，当描述一个图的句子，如 Fig. 1 Public Key Cryptosystem，这段文字一定要放在图的下方，而描述一个表的句子一定要放在表的上方。

5.9 科技论文写作技巧

5.9.1 科技论文写作的条件

科技论文写作需具备一定的条件才可进行，主要包括如下内容：
1）与研究工作相关，确实有了好的想法，不是为了写而写。
2）取得了有价值的成果，对学术界有贡献。
3）实验成熟，经得起检验。
4）需要记录下来和其他人分享。

科技论文写作前的准备工作如下：
1）计算和列表。把以往在进行实验后所做的计算和所得的结果，重新检查并核对。如果有可能，用各种不同的方法进行计算。对于较为复杂的计算过程，应该重复几次；重复工作最好不要在同一天进行；在进行第二次计算时，不要看前一次的计算。对于需要统计分析的数据，应该考虑用适当的方法进行处理。注意数字的有效位数。把计算结果列成表。把观察和叙述性的记录分类并排好次序。

2）绘图。尽可能把实验结果用图表达出来。大多数实验结果，尤其是某些因素变化的趋势，由图来表达最为明显。图可以帮助比较、分析、解释和讨论实验结果，因而对于写论文很有益处。所以，无论是否打算将图包括在定稿内，在写作阶段图是很有必要的。

3）结论。仔细研究有关系的图、表和分类的叙述性观察记录，进行分析，找出各项因素之间的关系，想想对所得数据能做什么解释。如果对某一事实可能有几种不同的解释，就不要只着重做一种解释，应该对于各种可能性做同等看待。做出暂时性的结论，写出笔记。仔细检查什么地方会产生错误，错误的影响如何，由此可以估计一下结论的正确性。

4）补充实验。如果需要，而且时间许可，重复或补充一些实验，收集更多的数据，看看这些实验结果是否与结论符合。

5）修正结论。把记录数据和计算结果以及叙述性记录反复核对，看看暂时性结论是否恰当。检查一下在什么情况下结论是适用的，另外在什么情况下结论是不适用的。如有必要，修改结论的措辞，检查一下结论是否与类似的已知事物一致。

6）例外。检查一下记录数据或计算结果，与结论比较，看看是否有例外、不符、差异或反常的现象。如果有，对于这些数据或结果进行进一步的仔细核对。从异常的结果会得到启发，甚至会有新的发现。对于例外或异常的现象，进行适当的解释。根据这些例外或异常的现象,把结论进行适当的修改。

7) 笔记。在进行上述反复检查与核对工作过程中,每有见解,即做笔记,用活页纸分条写出;每条见解占一张纸;不宜把所有见解无次序地写在一页纸上。这样做,便于把各种见解分类。把属于一类的见解归在一起,加以整理,便可作为一段或一节的内容。用这种方法写笔记,分类整理编排,也便于增减内容或变更次序。

根据科技期刊里论文的格式和论文本身所应该包括的内容,在开始写稿之前,先拟出一个尽可能详细的提纲,提纲内容大致如下:

1) 论文的题目。
2) 研究人员(包括技术协助人员)的姓名及其所在机关的名称和地址。
3) 引言。叙述研究题目的来源和有关的重要文献,指出研究工作的目的、范围、意义和重要性;必要时,说明工作时间和场合以及协作机关。
4) 实验材料和方法。叙述实验所用的材料和仪器设备;叙述实验所用的方法,必要时提出对旧方法所做的改变。
5) 实验结果。叙述实验结果,附以必要的表解和图解,指出各项因素之间的关系。
6) 讨论。本节可以单独成为一节,也可以与实验结果合并为一节。在本节里,就实验结果所显示出来的各项因素之间的关系加以讨论。

5.9.2 科技论文写作的要点

在科技论文的写作过程中,注意并掌握写作的要点会事半功倍,写论文的要点包括如下内容:

1) 写出 3~4 层提纲反复修改多次。
2) 从引言开写,回顾已有的工作。
3) 要声明文章结构,不要直接进入细节。
4) 声明工作的动机和基本原理,提出潜在的问题,自己进行回答。
5) 讲明自己工作与前人的不同,说明自己的贡献及其实际应用前景。
6) 最后写结论和摘要,反复斟酌后确定标题。

在论文初稿完成以后,必须对内容及格式进行反复推敲和修改,达到"投稿须知"的一切要求。绝大多数有经验的编辑都认为:不认真准备的稿件绝不是高水平科学研究成果的良好载体。如果希望论文发表,在准备投稿时必须做到打字无错、符合期刊格式、含有期刊要求的所有材料。该过程一般分为三步:再次阅读拟投期刊的"投稿须知";用"投稿须知"中提供的"稿件对照检查表"(Manuscript checklist, author's checklist) 与自己论文一一核对;根据期刊要求打印输出,完成稿件。

5.9.3 优秀论文的要素和误区

科技论文写作的目标是写出优秀论文,因此在写作过程中要注意涵盖优秀论文的要素并注意避免优秀论文的误区。优秀论文的要素包括如下内容:

1) 正确选题。
2) 合适的切入点。
3) 简洁明了。

4）说清自己的贡献。

5）可靠的/可重现的结果。

6）可重复的过程。

7）好的文章结构和逻辑流程。

8）精选的参考文献。

优秀论文的误区包括如下：

1）涉及的领域和创新点越多越好。

2）一味追求革命性的、突破性的成果。

3）数学、理论和公式越复杂越好——显示自己的聪明。

4）追求最好，史无前例。

5）显示权威性，文中大量引用自己的论文。

思考题

1. 科技论文的基本组成有哪些？
2. 论文标题如何确定？
3. 论文为什么要署名？署名的原则是什么？
4. 关键词的作用是什么？如何确定？
5. 科技论文的正文由哪些部分组成？
6. 撰写结论时，需要包括哪些内容？
7. 参考文献的作用是什么？如何标注参考文献？

第 6 章

科技论文的投稿与审稿

科技工作者在科学研究中获得了新理论、新方法、新结果、新技术，在未完成论文或已写成论文但是没有公开发表之前，这些新知识还只是他们本人的成果。只有公开发表了，才能有效传播，推进科技进步、知识更新和技术创新。科技成果可以通过在学术会议上做报告、撰写专著公开出版、撰写研究论文在期刊发表等，其中科技论文在科技期刊发表是主要形式。本章主要介绍如何选择投稿对象、编辑与外审、作者的责任，以及投稿国外 SCI（Science Citation Index）论文时的来往邮件格式，使读者熟悉投稿与审稿的相关过程。

6.1 如何选投稿对象

论文写好之后为了发表都要投稿到期刊、杂志社，这个时候论文就要经过审稿，才能决定是否适合发表。科技论文只有发表了，才有意义。如何选择投稿对象，是每个论文作者关心的问题，在投稿前，一定要了解科技期刊的类型，要根据个人的目的、稿件内容，恰当选择科技期刊，以该刊的模板对论文进行排版。可以由资历最深的作者来判断论文的创新性，然后根据创新性的大小决定投稿的方向为国外期刊、国际会议、核心期刊、国内会议或是一般期刊。如果时间允许，尽量投高档刊物；如果论文与某篇已发表的论文关系密切，则比较适合投向发表过该论文的刊物。

核心期刊，是指在某一学科领域（或若干领域）中最能反映该学科的学术水平，信息量大，利用率高，受到普遍重视的权威性期刊。国内对核心期刊的测定，主要运用文献计量学的方法，以及通过专家咨询等途径进行。核心期刊与非核心期刊不是固定不变的。非核心期刊经过努力，可以跻身于核心期刊之列；核心期刊如故步自封，也会被淘汰。

SCI（《科学引文索引》，是美国科学情报研究所出版的一个世界著名的期刊文献检索工具。它收录全世界出版的数、理、化、农、林、医、生命科学、天文、地理、环境、材料、工程技术等自然科学各学科的核心期刊 8000 多种。通过其严格的选刊标准和评估程序来挑选刊源，使得 SCI 收录的文献能够全面覆盖全世界最重要和最有影响力的研究成果。

选择投稿对象时要重点考虑以下三方面：

(1) 了解科技期刊的类型

1) 期刊的特点。科技期刊的特点为出版周期短，内容新颖、有明确的办刊方阵和相对稳定的读者对象。

2) 了解发稿重点。按报道内容划分，科技期刊可分为综合性和专业性两大类。综合性期刊的特点是选题范围广，涉及自然科学或社会科学的各个领域。专业性期刊的特点是报道内容、选题范围局限在一个学科或专业范围内。

3) 考虑期刊的周期容量。科技期刊以出版周期划分，可分为半月刊、月刊、双月刊、季刊和半年刊等类型，其中技术性、科普性期刊以月刊、双月刊居多，学报、学术性刊物以季刊居多。

(2) 评估稿件内容和期刊要求　当作者投稿时，一定要对自己撰写的论文和期刊要求进行评估，选择适合自己发表的目标期刊。为此：

1) 作者自我评估。投稿时，作者只有对所写论文的内容、学术水平和实用价值等进行客观准确评估，才能选择合适的投稿期刊，实现最大的投稿采用率。评估的重点是论文的选题内容是否符合投稿期刊发文的范围和重点，自己研究的成果是否达到投稿期刊要求的层次，撰写格式是否遵循图稿期刊的规范和要求等。

2) 资格评估。有些期刊在刊发论文时，要求作者具有一定的发文资格，若不具备其要求资格，则不可投稿。

3) 若几家刊物都感觉适宜，就从多方面进行比较。从当前组织的稿件内容、已发表论文的科学水平、印刷质量、插图美感、办刊经历和稿酬等，然后择优投稿。

(3) 个人目的

1) 以发行方式来划分，科技期刊可分为公开发行、国内发行和内部发行三类，要根据个人目的和需要，选择这三类中的一类。

2) 考虑自己所发表的研究成果是否使一般人感兴趣，或是多数同行感兴趣，或是少数同行特殊感兴趣，然后把选择范围缩小到相关的刊物。若作者希望扩大学术影响，就最好根据刊物声望选择投稿。

选定投稿期刊后要认真阅读和应用投稿须知：

1) 了解会议或刊名、简单的办刊宗旨、编辑委员会组成、编辑部成员、出版商及其联系地址等。

2) 浏览目录，确定该刊物是否发表你研究领域的文章及发表的比例有多大。

3) 注意栏目设置，确定拟投稿件的栏目。

4) 看拟投栏目文章的范例，了解撰写要求及格式。

5) 某些期刊刊登投稿和接收日期，可据此计算论文发表周期。

2014年北大核心期刊目录中机械仪表工业的部分期刊名见表6-1。

当确定所投的杂志，找到那些官方的、真实有效的学术期刊投稿地址以后，应该仔细阅读该杂志"征稿通知"。进一步了解该杂志对稿件的具体要求，包括文稿格式、参考文献的引用。按照要求去仔细检查文稿。不符合该刊要求的地方要改过来，避免编辑部以"不符合本刊投稿要求"而退回，减少不必要的麻烦。

查找学术期刊投稿地址的正确方式，主要有以下三种：

表 6-1 2014 年北大核心期刊目录中机械仪表工业的部分期刊名

	TH 机械、仪表工业		
1	机械工程学报	15	机械强度
2	中国机械工程	16	工程设计学报
3	摩擦学学报	17	自动化与仪表
4	光学精密工程	18	机械设计与制造
5	机械科学与技术	19	振动、测试与诊断
6	机械设计	20	液压与气动
7	自动化仪表	21	流体机械
8	润滑与密封	22	水泵技术
9	制造业自动化	23	光学技术
10	机械设计与研究	24	制造技术与机床
11	机械传动	25	轴承
12	仪器仪表学报	26	仪表技术与传感器
13	现代制造工程	27	组合机床与自动化加工技术
14	机床与液压		

1）中国知网 http://www.cnki.net 中检索合适的期刊网址，如图 6-1 所示。

图 6-1 中国知网检索期刊网址

2）万方数据 http://wanfangdata.com.cn 中检索合适的期刊网址，如图 6-2 所示。

3）去期刊主办方单位的官网里查找，如图 6-3 所示。

目前的投稿方式主要有以下三种：

1）网上投稿。目前有许多杂志可以网上投稿，需要找到相应杂志的网页。允许网上投稿的杂志都有"在线投稿"窗口。当网上投稿时，要查阅该杂志，找到网址，图 6-4 所示

图 6-2 万方数据检索期刊网址

图 6-3 期刊官网检索期刊网址

为登录页。如果需要登录，按网上投稿要求填写信息注册登录，一般都是免费的。记住登录号和密码，下次投稿、查询稿件状态就方便多了。

图 6-5 所示为投稿确认书，主要是确认论文是否是原创，论文的格式是否满足要求，版权协议和作者署名及文章是否涉及保密问题。

图 6-6 所示为投稿步骤，作者可以依照网上的投稿步骤，一步一步完成论文的投稿。

2）Email 投稿。很多杂志可以用 Email 投稿。需要查查该杂志，找到 Email 地址。目前采用 Emial 投稿的期刊比较少。

3）邮寄投稿。有的杂志要求将文稿的纸质版通过邮局直接寄到编辑部，要求 3~5 份不等，要看清杂志编辑部对邮寄文稿的份数要求，邮寄投稿方式在信息化技术水平不高的时候

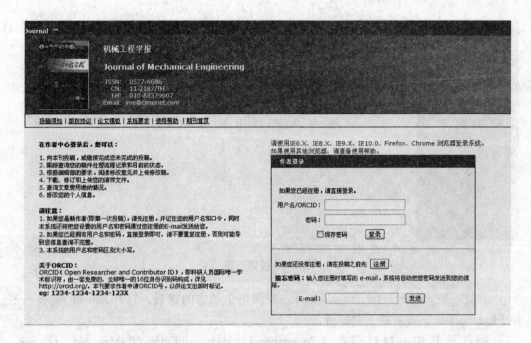

图6-4　登录页

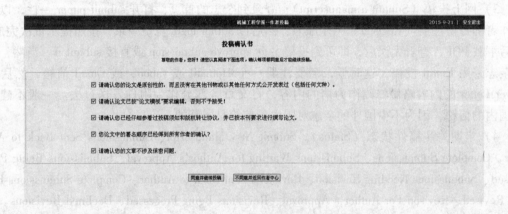

图6-5　投稿确认书

应用较多，而今计算机和互联网的普及和应用，这种投稿方式已经很少了。

针对国际会议的投稿，需注意国际会议对论文的要求如下：

1）内容。任何会议都制定了会议议题。提交论文必须"切题"，否则，即使内容再好，也难于列入会议议程。论文内容应有先进性、独创性，且会前不得在公开刊物发表。

2）篇幅。几乎所有会议都限制论文篇幅，有的要求限制页数，有的限制字数。

3）满足3C原则。一是要求论文Clarity（清楚），即内容明确、具体，语法符合规范，标点正确，结构层次清晰；二是Conciseness（简洁），即注意用词、节省文字；三是Completeness（完整），即内容全面、结构完整，具有逻辑性、连续性和可读性。

以投国外期刊为例，投稿的过程如下：

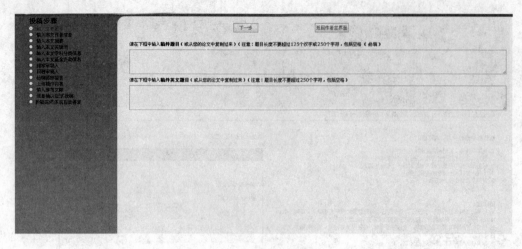

图 6-6　投稿步骤

1）下载（Introduction for Submission）。要到每个杂志的首页，打开 submit paper 一栏，单击"Introduction"查看或下载即可。

2）稿件及其相关材料准备（Preparation）。Manuscript.doc、Tables.doc、Figures.tiff（jpg 等）、Cover letter，有时还有 Title page、Copyright agreement、Conflicts of interest 等。

3）网上投稿（Submit a manuscript）。登录到杂志的首页，打开 submit paper 一栏，以通信作者的身份注册（Register）一个账号，然后以 author login 身份登录，按照提示依次完成，最后下载 PDF，查看无误后，即可到投稿主页 approve submission 或直接 submit it。当然，不少杂志采用 Email 投稿，这时候，需要注册一个 Hotmail 或 yahoo，或 Gmail 信箱，然后将 Cover Letter 的内容略做修改作为信的内容，将文章各部分作为附件发送过去。一般不建议用国内的信箱，因为不少国外的杂志对国内的信箱是屏蔽的。

4）定期关注稿件状态（Status）。Submit New Manuscript、Submissions Sent Back to Author、Complete Submissions、Submissions Waiting for Author's Approval、Submissions Being Processed、Submissions Needing Revision、Revisions Sent Back to Author、Complete Submissions Being Revised、Revison For Author's Approval、Revisions Being Processed、Declined Revisions。

一般来说，投稿后，一周以内便可以进入审稿状态，1～3 个月会有初审结果。如何关注呢？如果是你自行投稿，建议每三天、一周、半个月、一个月、两个月 check 一次。

5）修回稿的投递（Submitted the Revised Manuscript）。主要修改 Revised Manuscript、Response to the Reviewers、Cover Letter，关键是 Response Letter，要逐条回复 Reviewers 的意见，这里面技巧相当多。程序是进入投稿主页 Main Menu，单击 Revise，仍然按照原先程序投递。最后上传附件时，先把留下来且未修改的材料前打钩（表示留下不变），然后单击 Next，再上传已经修改的材料（主要包括 Revised Manuscript、Response to the Reviewers、Cover Letter 等），最后下载 PDF，查看无误后，即可到投稿主页 Approve Submission 或直接 Submit it [2]。

6）校对（Correct the Proof）。一般编辑部先寄出三个电子文档，包括 Query、Proofs、P-annotate，有时也可能伴有纸质文档校样。校对后通过 Email 寄出即可，或通过 Email 确认。一般校样作者自行核对，也有专门的校对工作人员，可以在校对过程中，发现一些细微错误,对文章进行最后的完善。

7)版权协议(Copyright Agreement)和利益冲突(Conflict of Interest)。一般首次投稿时就需要提供,但也有少数杂志是 Accepted 之后才需要提供。

6.2 编辑与外审

论文审稿的流程一般是:初审、专家审稿、最终定稿。其中初审是期刊杂志社内部编辑进行的,通过之后才能进入专家审核,然后再由主编进行审核,最终才能发布,所以审稿的严谨可见一斑。期刊杂志社初审是基本过滤,一般无大问题的论文都能通过,主要还是在于专家审稿。

其实对于每一份专业的期刊(或称为学术期刊),其编辑部都会有编辑委员会,编辑委员会主任一般都由在本行业(或专业)有一定知名度的专家、学者担任,而编辑选择审稿专家的原则是:首先,是专家的经历和学历,特别是专家的经历是最重要的。其次,是专家对审稿工作的认真负责态度。最后,是专家的审稿水平。当然,审稿专家的学历、经历不同,对一篇论文的审查结论也会有所不同。而专家审稿所处的角度不同,对稿件的评价高度也就不尽相同。作为某一行业的专家学者,对其所处专业的学术动态和技术水平应有一个全面的了解,专家审稿主要是对论文内容的审查,如论文的观点是否正确,所采用的原理、公式、推导过程以及结论正确与否,实验数据是否与国外文献上数据有出入,参考文献是否是最新的等。

从某种程度上说,专家审稿是对论文的学术水平、技术水平,以及论文的创新性、先进性等进行正确的评价。当专家审稿时,必须对学术论文所反映的内容(如论点、实验过程、结果与讨论、结论等)进行全面而细致的审查,对不同的学术观点和论点,专家应静下心来,认真地、理性地思考,给论文以正确而恰如其分的评价,切不可臆测、臆想和臆断地评价论文的学术价值。

专家审稿具体的方法如下:

1)政治性审查。政治上主要审八个方面的问题:国家领土和主权问题,民族尊严问题,党的方针,政策问题,涉外问题,宗教问题,历史问题,保密问题,其他政治问题。

2)创新性审查。创新主要是指论文对人类知识、技术或观念等的新贡献。分析方法和途径大致如下:

① 分析论文来源:论文研究成果如果有基金项目资助,其论文可能较有创新性。

② 分析作者信息:公认的高水平作者的新作质量可能好,因为研究有继承性,论文质量与作者素质呈正相关。

③ 分析正文:论题鲜明、新颖,实验过程和数据完整,论据典型充分,论证严密,结论明确的论文一般较具创新性。

论文审稿之后很多都需要回稿重新修改,每篇文章被打回都是有其自身的原因,当作者接到审稿人的意见时,首先要摆正心态,保持冷静。这时要做到:

1)所有问题必须逐条回答。

2)尽量满足意见中需要补充的实验。

3)满足不了的实验也不要回避,说明不能做的合理理由。

4）对于你不认同的意见，也要委婉有技巧地回答，做到有理有据有节。

5）审稿人推荐的文献一定要引用，并加以讨论。

论文审稿周期不一，核心级期刊审稿时间大概是 3~6 个月，而且由于其他原因可能还会延后，国家级或省级普刊一般一周左右，其他级别的期刊审稿的期限一般为一个月。

论文的处理程序，最认同的是同行评审（Peer Review），即将文章由编辑交予熟悉该研究领域的相关专家、学者，由专家、学者提出审稿意见，再依此决定文章的取舍（需修改、拒绝等）。一般程序是：科技期刊编辑部接到作者的投稿，先由编辑进行"初选"（即一审），初审后的论文需要送专家复审（即二审，部分稿件需三审），专家一般都是本学科中造诣较深、经验比较丰富、学术水平较高的人，由专家对论文提出审阅意见。最后，主编综合前两审的意见进行终审，决定论文是否发表。

至于审稿时间，通常的期限是一个月（当然，越高级的期刊，时间会越短），一般收到审稿意见在三个月左右，时间再长些也是正常的。

在论文从投稿到发表的过程中，与编辑的书信联系必不可少。联系时需注意：

1）作者与编辑的联系是正常的业务联系，必须以自身具有的真才实学为前提。

2）作者要抱着真诚的态度与编辑交往。

3）作者在与编辑交往的过程中，既要谦虚谨慎，又要自尊自重。

6.3 更正样稿

如果投稿两周仍无任何有关稿件收到的信息，也可打电话、发 Email 或写信给编辑部核实稿件是否收到。当作者收到退修稿后，首先应该仔细地阅读退修信和审稿专家意见。然后应考虑能否或愿意接受审稿专家或编辑的意见去修改稿件。审稿意见可以分为两类：第一类拒绝是"完全的拒绝"，主编通常会表达出意见，对这类文章永远不愿再看到，再寄送这类文章是没有意义的；第二类是文章包含某些有用数据和信息，主编拒绝是因数据或分析有严重缺陷，这类文章不妨先放一放，等找到更广泛的证据支持或有了更明晰的结论后，再将经过修改的"新"文章寄给同一杂志，主编通常会考虑重新受理该文。

更正样稿、答复审稿专家的质疑，在论文从投稿到发表过程中非常重要，关系到稿件能否发表，在此过程中应注意：

1）对审稿意见要十分尊重，对每一条批评和建议，都要认真分析，并据此修改论文。自己认为不正确的意见，要极其慎重和认真地回答，有理有据地与审稿人探讨。如何对待杂志拒文，是作者犯难的问题。必须分析被拒绝的理由。

2）仔细研究质疑，经过深思熟虑，然后心平气和地回答问题。值得强调的是，即使质疑意见错误，也不能吵骂、讽刺，这是对人的尊重，另外，和专家"较劲"没有任何益处。

3）正确处理尊重对方与坚持原则的关系。尊重对方体现在语气上，坚持原则融于内容中，即最好正面阐述自己的观点，间接回答审稿专家的质疑。

4）答复文字不宜太多，一般 300~600 字即可，但若必要的公式推导及实验说明，则另当别论。

5）迅速答复，这既为了稿件尽快发表，也体现了作者的工作风貌。

在科技论文投稿中，退稿很正常。因刊物和栏目有限、登载的论文数量有限，许多人会接到退稿。接到退稿后，先"冷处理"几天，然后静静地坐下来逐字逐句审视论文，再进行评价。若感觉良好，就将原稿另投他刊。稿件屡投不中，最好向专家和学术前辈请教。要么让他们一针见血指出论文的不足之处，使自己心理平衡；要么请他们推荐，以克服青年人因知名度不够产生的"马太效应"影响。

大多数情况下，退稿表明了论文的确有问题。因此，应注重退稿的修改，从论点、剪裁、层次、逻辑性和文字表达等方面反复推敲、再三斟酌，这不仅可避免将来编辑审稿"节外生枝"，更重要的是学风问题。

6.4 作者的责任

撰写科技论文是一项科学研究活动，作者在论文写作和发表过程中付出了艰辛的劳动，为使论文顺利发表，作者应时刻注意学术道德问题，正确地使用参考文献，避免抄袭和剽窃等不良行为。

应注意：当开展学术研究、撰写科技论文时，引用参考文献是必不可少的，作者在引用参考文献时需遵循：

（1）不能伪造或篡改实验数据 绝大多数情况下，要确保读者能够根据论文中给出的实验条件和常识复现论文宣称的实验结果。论文中对实验参数要尽可能详尽地说明，对所有实验结果要无保留地进行分析。

（2）正确引用其他学者的研究成果不能出现剽窃问题 引用他人作品，要尊重原作者著作权，要加注被引用文献的著作名称、题名、出版事项和出处等；当使用其他学者的研究成果使得该段文字所体现的创新点和文字本身被读者认为是作者所拥有的，属于剽窃。为了评论、说明某个问题或阐述自己的观点应用或摘录他人作品，而不是完全照搬他人的作品为己所用，这种情况不属于侵权行为。

（3）不能一稿多投和多稿一投 在科技论文投稿中，"一稿多投"或"多稿一投"是不允许的。"一稿多投"是指同一作者的同一论文，同时投向多家期刊，容易造成多家刊物同时或先后发表同一文稿，造成"一稿多刊"，有损作者声誉和期刊的质量。"多稿一投"是指同一个课题各参加人同时分头写了同一内容的论文寄投同一刊物，这也是不允许的。

6.5 SCI 投稿各阶段的电子邮件参考模板

6.5.1 最初投稿的投稿信（Cover letter）

Dear Editors：

We would like to submit the enclosed manuscript entitled "Paper Title", which we wish to be considered for publication in "Journal Name". No conflict of interest exits in the submission of this manuscript, and manuscript is approved by all authors for publication. I would like to declare on behalf of my co-authors that the work described was original research that has not been published previously, and not under consideration for publication elsewhere, in whole or in part. All the authors listed have approved the manuscript that is enclosed.

In this work, we evaluated... （简要介绍一下论文的创新性）. I hope this paper is suitable for "Journal Name".

The following is a list of possible reviewers for your consideration：

1）Name A E-mail：××××@××××

2）Name B E-mail：××××@××××

We deeply appreciate your consideration of our manuscript, and we look forward to receiving comments from the reviewer's. If you have any queries, please don't hesitate to contact me at the address below.

Thank you and best regards.

Yours sincerely,

××××××

Corresponding author：

Name：×××

E-mail：××××@××××

6.5.2 催稿信

Dear Prof. ×××：

Sorry for disturbing you. I am not sure if it is the right time to contact you to inquire about the status of my submitted manuscript titled "Paper Title". （ID：文章稿号）, although the status of "With Editor" has been lasting for more than two months, since submitted to journal three months ago. I am just wondering that my manuscript has been sent to reviewers or not?

I would be greatly appreciated if you could spend some of your time check the status for us. I am very pleased to hear from you on the reviewer's comments.

Thank you very much for your consideration.

Best regards!

Yours sincerely,

××××××

Corresponding author：

Name：×××

E-mail：××××@××××

6.5.3 修改稿的投稿信（Cover letter）

Dear Dr/ Prof..（写上负责你文章编辑的姓名，显得尊重，因为第一次的投稿不知道具体负责的编辑，只能用通用的 Editors）：

On behalf of my co-authors, we thank you very much for giving us an opportunity to revise our manuscript, we appreciate editor and reviewers very much for their positive and constructive comments and suggestions on our manuscript entitled "Paper Title". （ID：文章稿号）.

We have studied reviewer's comments carefully and have maderevision which marked in red in the paper. We have tried our best to revise our manuscript according to the comments. Attached please find the revised version, which we would like to submit for your kind consideration.

We would like to express our great appreciation to you and reviewer's for comments on our paper. Looking forward to hearing from you.

Thank you and best regards.

Yours sincerely,

××××××

Corresponding author:

Name: ×××

E-mail: ××××@××××

6.5.4 修改稿回答审稿人的意见（最重要的部分）

List of Responses

Dear Editors and Reviewers:

Thank you for your letter and for the reviewers' comments concerning our manuscript entitled "Paper Title" (ID: 文章稿号). Those comments are all valuable and very helpful for revising and improving our paper, as well as the important guiding significance to our researches. We have studied comments carefully and have made correction which we hope meet with approval. Revised portion are marked in red in the paper. The main corrections in the paper and the responds to the reviewer's comments are as flowing:

Responds to the reviewer's comments:

Reviewer #1:

1. Response to comment: (简要列出意见)

Response: ××××××

2. Response to comment: (简要列出意见)

Response: ××××××

逐条意见回答，切忌一定不能有遗漏

针对不同的问题有下列几个礼貌术语可适当使用:

We are very sorry for our negligence of...

We are very sorry for our incorrect writing...

It is really true as Reviewer suggested that...

We have made correction according to the Reviewer's comments.

We have re-written this part according to the Reviewer's suggestion

As Reviewer suggested that...

Considering the Reviewer's suggestion, we have...

最后特意感谢一下这个审稿人的意见:

Special thanks to you for your good comments.

Reviewer #2:

同上述

Reviewer #3:

×××××

Other changes:

1. Line 60-61, the statements of "…" were corrected as "…"
2. Line 107, "…" was added
3. Line 129, "…" was deleted

×××××

We tried our best to improve the manuscript and made some changes in the manuscript. These changes will not influence the content and frame work of the paper. And here we did not list the changes but marked in red in revised paper.

We appreciate for Editors/Reviewers' warm work earnestly, and hope that the correction will meet with approval.

Once again, thank you very much for your comments and suggestions.

6.5.5 文章接受后感谢负责你文章的编辑或主编的感谢信

Dear Prof. ××××××:

Thanks very much for your kind work and consideration on publication of our paper. On behalf of my co-authors, we would like to express our great appreciation to editor and reviewers.

Thank you and bestregards.

Yours sincerely,

××××××

Corresponding author:

Name: ×××

E-mail: ××××@××××

6.5.6 询问校稿信件

Dear ×××:

Sorry for disturbing you. I am not sure if it is the right time to contact you to inquire about the status of our accepted manuscript titled "Paper Title" (ID: 文章稿号), since the copyright agreement for publication has been sent to you two months ago. I am just wondering that how long I can receive the proof of our manuscript from you?

I would be greatly appreciated if you could spend some of your time for a reply. I am very pleased to hear from you.

Thank you very much for your consideration.

Yours sincerely,

××××××

Corresponding author:

Name: ×××

E-mail: ××××@××××

6.5.7 文章校稿信件

Dear Mr. 信件1：

Thanks very much for your kind letter about the proof of our paper titled "Paper Title" (ID：文章稿号) for publication in ur paper titled "Paper Title" (ID：vproof reading and checking carefully, and some corrections about the proof and the answers to the queries are provided below.

Corrections：

1. In ××× should be ××× (Page ×××, Right column, line ×××)

2. In ××× the (2. In ××× the e2. In ××× the ×××, Right column, line ×××) (Answers for column, line ×××) the ge ×××, Right ided belo

3. ×××

4. ×××

We greatly appreciate the efficient, professional and rapid processing of our paper by your team. If there is anything else we should do, please do not hesitate to let us know.

Thank you and best regards.

Yours sincerely,

××××××ely, and best author：

Name：×××

E-mail：××@××××

思考题

1. 科技论文的投稿原则是什么？
2. 科技论文发表的过程有哪些阶段？
3. 科技论文的审查有哪些形式和内容？

第 7 章

本科毕业设计论文与硕士学位论文的撰写

学位论文是指为了获得所修学位，按要求被授予学位的人所撰写的论文。根据《中华人民共和国学位条例》的规定，学位论文依学位的高低分为学士论文、硕士论文和博士论文三种。

(1) 学士学位论文即本科毕业设计论文　学士学位论文是指大学本科毕业生申请学士学位要提交的论文。论文或设计应反映出作者具有专门的知识和技能，具有从事科学技术研究或担负专门技术工作的初步能力。

(2) 硕士论文　硕士论文是指在导师指导下完成的，必须具有一定程度的创新性，强调作者的独立思考能力的论文。通过答辩的硕士论文，可以申请硕士学位。

(3) 博士论文　博士论文是指硕士研究生申请博士学位要提交的论文。博士论文应反映出作者具有坚实、广博的基础理论知识和系统、深入的专门知识，具有独立从事科学技术研究工作的能力，应反映出该科学技术领域最前沿的独创性成果。博士论文被视为重要的科技文献。

7.1 本科毕业设计论文的撰写

高等学校本科毕业生，成绩优良，授予学士学位的条件：
1) 较好地掌握本门学科的基础理论、专门知识和基本技能。
2) 具有从事科学研究工作或担负专门技术工作的初步能力。

学士学位表示学位取得者较好地掌握了本门学科的基础理论、专业知识和基本技能，并具有从事科学研究工作或担负专门技术工作的初步能力。

毕业设计论文是实现大学本科培养目标的一个重要教学环节，是使学生将所学基础理论、专业知识与技能，加以综合、融会贯通并进一步深化和应用于实际的一项基本训练。毕业设计论文是大学本科毕业生在毕业前必须完成的论文或毕业设计的总称。

毕业设计的目的在于培养学生分析、解决实际问题的能力和创新意识，并使其在从事科研与设计开发方面得到初步锻炼。毕业设计要求学生能在专业基本技能和独立工作能力方面得到训练，如：调研、查阅中外文献资料、方案的比较与论证、实验研究、工程设计、上机编程、数据分析与处理、撰写论文等。

毕业设计论文环节的整个过程包括：选题和布置任务书，毕业实习（调研）、查阅文献及外文翻译、撰写开题报告、开题，中期检查，撰写毕业设计（论文）和毕业答辩。

毕业设计论文按照《本科毕业设计（论文）模板》撰写。毕业设计论文的检测重复率均有要求，如要求不得超过 15%～30% 等，各个学校有不同的具体标准。

毕业设计是指工科类专业的学生，结合工程实际的题目所进行的调研、方案论证（包括技术可行性、经济合理性、环保可行性、综合评价分析与比较）、设计方案的确定。所完成的内容包括如下：

1) 工程设计类毕业设计，除毕业设计说明书外，工程图折合成 A0 号图纸不少于三张。

2) 鼓励学生利用计算机辅助设计、计算与绘图，并提供相关成果。

3) 工科类软件设计类毕业设计，除毕业设计说明书外，还需提供软件文档（有效程序软盘和源程序清单、软件设计说明书、软件使用说明书、软件测试分析报告和项目开发总结、计算机程序结果有效测试验证说明）。

4) 工科控制类毕业设计，除毕业设计说明书外，还需提供硬件系统框图、软件文档（有效程序软盘和源程序清单、软件设计说明书、软件使用说明书、软件测试分析报告和项目开发总结、控制系统程序结果有效测试验证说明）。

毕业设计论文（毕业设计说明书）具有如下特征：

1) 学生独立完成的成果。论文由学生本人独立撰写完成。论文需要一人一题，论文题目不能相同。

2) 论文具有学术性和一定的创新性。论文是在教师指导下学生独立完成的实践环节，一定要根据专业培养目标、理论联系实际，独立进行调研、搜集文献资料，研究问题，综合运用所学知识和技能，完成毕业设计任务后撰写完成的。内容上要求有新意，提出新见解或建议，解决工程实际问题，具有学术性。

3) 论文撰写具有规范性。毕业论文需要按照相关规范要求进行撰写。一般需要按照学校要求的统一格式进行撰写，并按照规定的顺序装订成册。顺序以及格式如下：

① 毕业设计（论文）封面。
② 设计（论文）任务书。
③ 目录（论文全部章节标题以及页码）。
④ 中外文摘要。
⑤ 毕业设计（论文）说明书（包括绪论、正文、总结、致谢和参考文献）等。

除此之外，毕业设计论文文档中还包括指导教师评议表、评阅教师评议表和答辩小组评议表等。

7.1.1 本科毕业设计论文的选题

毕业设计（论文）题目的选择应符合专业或大类培养目标，满足教学基本要求，尽可能进行有工程背景的毕业设计，使学生得到比较全面的训练。

毕业设计题目的选择应满足以下条件：

1）题目应符合专业的培养目标和教学基本要求，能突出专业特色和创新能力的培养，毕业设计题目应当有利于巩固、深化和扩大学生所学的知识，有利于使学生得到全面地训练，有利于培养学生的独立工作能力。

2）题目的工作量和难度要适中。在保证达到基本教学要求的前提下使学生在毕业设计期间工作量饱满、深度适当，要因材施教，既要使大多数学生在规定时间内完成规定的毕业设计题目，又要使学习优秀的学生得到更好地培养和锻炼。

3）毕业设计选题应尽量做到理论联系实际，既有调查分析，又有理论研究，理工专业还应有一定的实践环节，使学生能综合运用所学专业知识，在工作能力和专业技术水平方面获得较全面的训练和提高。

4）毕业设计应为一人一题（可以是大课题下的子课题），原则上每年的题目和内容不得重复。

5）毕业设计题目由指导教师提出，包括题目来源、目的、要求、主要内容、难易程度、工作量大小及所具备的条件等，上报学院。学院对毕业设计选题进行评审，要求选择具有工程实践背景题目，工程设计类题目所占比例不低于50%。经学院毕业设计领导小组讨论审定，确定合适的题目。

毕业设计题目，既可以教师和学生双向选择，也可以由教师制定、学生确定。如机械类的题目首先应从机械设计制造及其自动化专业的培养目标出发，选题应紧密结合机械设计制造及其自动化专业的特点，有一定的深度、宽度和工作量，使学生得到较全面的训练，培养学生的独立工作能力和创新能力，有利于巩固、深化和扩充所学的知识。

教师在为学生选定毕业设计题目时，可以根据学生的兴趣、个人的特长、学科背景、学习成绩和就业方向等因素综合考虑确定题目。题目一经确定，一般不得随意变动。

学生在毕业设计和撰写毕业设计论文过程中，应具有较高的素养、谦虚严谨的工作态度和勇于创新的精神，在老师的指导下，结合学科前沿和工程实际，很好地完成毕业设计任务，毕业论文能反映自己的研究成果和满足时代要求。

7.1.2 毕业论文写作的准备

文献材料的准备，主要指文献的搜集整理，完成开题报告。

学生接到任务书后，可以深入到有关企业及科研单位收集资料，增加认识。认真查阅有关中、外文献和参考资料，完成共计5000字的英文翻译，紧扣毕业设计题目，写出4000字左右开题报告。

开题报告是开展研究的依据和撰写论文的基础，也是评定毕业设计成绩的根据之一。学生完成查阅文献以及调研工作后，应按"毕业设计（论文）工作进程表"规定的时间提交，经指导教师审定后的开题报告，通常作为论文的第一章。

（1）研究的准备　根据开题报告确定的内容，确定研究方案、研究思路和所采取的方法，在老师的指导下进行课题的研究工作，注意课题的研究细节，结构设计的方案，分析优化校核，实验数据与分析，完成毕业设计的任务所提供的研究成果形式等。

（2）写作的准备　在初步完成毕业设计任务工作的同时，开始拟定毕业设计论文的写作提纲，确定论文内容与提纲之间的逻辑关系。

按照提纲写成初稿。

一般工科毕业设计论文，第一章是概述，来源于开题报告；第二章是关于设计方案的介绍；第三章是设计方案的分析、计算和综合比较等；第四章是所设计的关键技术的详细论述；第五章是总结。

在初稿写成后，可以停下来几天，然后进一步进行修改完善。

毕业设计论文写作过程所涉及的主要工作和时间安排，参考表7-1。

表 7-1 毕业设计工作的进程一览表（学生用）

时间	工作任务	学生需要完成的工作	教师的建议	进度完成情况与改进措施
第7学期	选题，进行毕业设计准备	1. 完成毕业设计所需要的课程学分要求 2. 准备一个笔记本，用来进行研究记录、交流笔记 3. 了解目前行业的发展前景，确定自己的职业规划，与老师交流沟通，确定毕业设计题目 4. 给指导老师留联系方式	制订工作计划	
第1周	选题完成，接受任务，进入开题阶段	1. 与毕业设计指导老师交流，确定毕业设计题目，接受毕业设计任务书，根据毕业设计任务书的要求，确定研究内容 2. 确定调研提纲，搜集资料的主题、关键词	使用文献检索工具，进行文献整理、搜集和总结	
第2周	开题准备，调研，搜集文献资料	1. 上知网、专利局等搜集文献资料，一般中文文献20篇，外文文献10篇 2. 到相关企业、单位进行实地调研 3. 从外文文献中选择1～2篇，与指导老师商定翻译的内容。完成翻译5000字 4. 完成文献综述，研究主题的背景、现状和发展趋势，整理参考文献，形成研究方案		
第3周	撰写开题报告，完成翻译，准备开题答辩	1. 基于文献综述和自己的研究方案，与指导老师交流，形成开题报告初稿，按照学校的统一格式要求（5000字） 2. 开题报告交老师审核，准备开题答辩PPT	撰写开题报告	
第4周	开题	1. 完成开题答辩PPT，内容包括背景、研究的意义、现状、趋势；自己的研究方案、研究路线、研究的方法、最终的成果（结合毕业设计任务数要求确定）；进度计划等 2. 开题答辩 3. 根据开题答辩的意见，与指导教师交流，进一步完善研究方案和内容		

（续）

时间	工 作 任 务	学生需要完成的工作	教师的建议	进度完成情况与改进措施
第5周	设计阶段	1. 根据研究方案开展设计、完成框图、设计草案、流程图等内容。设计时先分析功能要求，绘制原理图、功能简图，进行概念设计，然后详细设计。先绘制平面二维结构图，再绘制计算机三维数字模型，进行虚拟装配，最后进行计算机辅助工程分析 2. 与指导教师一周至少交流一次，根据老师意见进行修改完善 综合运用所学知识、技术和工具，解决工程实际问题		
第6周	设计阶段	1. 根据研究方案开展进一步的详细设计，完成1/4工作量，完成装配图的草图、数字化模型的构建、程序的主程序开发等 2. 提供图样、程序等成果，与指导教师一周至少交流一次，根据教师意见进行修改完善		
第7周	设计阶段	1. 根据研究方案开展进一步的详细设计，完成1/3工作量，比如装配图、主要程序设计等 2. 提供图样、数学模型等成果，与指导教师一周至少交流一次		
第8周	设计阶段	1. 根据研究方案开展进一步的详细设计 2. 提供图样、数学模型等成果，与指导教师一周至少交流一次，根据教师意见进行修改完善		
第9周	设计阶段	1. 根据研究方案开展进一步的详细设计，完成1/2工作量，包括总装配图一张、零件图等，程序进行初次测试，硬件的选型，软件系统的第一次测试等；完成设计分析校核、计算机辅助工作量等 2. 提供图样、数学模型等成果，与指导教师一周至少交流一次，根据教师的意见进行修改完善 3. 实物毕业设计的同学，开始进行实物的制作等		
第10周	中期检查	1. 根据研究方案开展进一步的详细设计，完成2/3工作量，包括总装配图一张、零件图等，程序进行初次测试，硬件的选型，软件系统的第一次测试等；完成设计分析校核、计算机辅助工作量等 2. 提供图样、数学模型等成果，与指导教师一周至少交流一次，根据教师意见进行修改完善 3. 实物毕业设计的同学，开始进行实物的制作等 4. 接受期中检查，根据检查意见进行整改，加快进度		

（续）

时间	工 作 任 务	学生需要完成的工作	教师的建议	进度完成情况与改进措施
第11周	设计阶段，撰写毕业论文提纲	1. 根据研究方案开展进一步的详细设计，并不断完善设计质量，与毕业设计任务书的要求进行核对，完成全部工作量3/4，（包括总装配图一张，零件图等，程序进行初次测试，硬件的选型，软件系统的第一次测试等；完成设计分析校核、计算机辅助工作量等），如果没有完成，尽快完善补齐 2. 提供图样、数学模型等成果，与指导教师一周至少交流一次，根据教师意见进行修改完善 3. 实物毕业设计的同学，进行实物的制作等		
第12周	设计阶段，开始撰写毕业论文	1. 根据研究方案开展进一步的详细设计，并不断完善设计质量，与毕业设计任务书的要求进行核对，完成全部工作量（包括总装配图一张、零件图等，程序进行初次测试，硬件的选型，软件系统的第一次测试等；完成设计分析校核、计算机辅助工作量等），如果没有完成，尽快补齐 2. 提供图样、数学模型等成果，与指导教师一周至少交流一次。确定毕业设计论文提纲 3. 实物毕业设计的同学，进行实物的制作等		
第13周	完善设计，完善毕业论文初稿	1. 与毕业设计任务书的要求进行核对，完善毕业设计质量和内容，完成全部工作量 2. 提供图样、数学模型等成果，与指导教师一周至少交流一次 3. 实物毕业设计的同学，进行实物的制作等 4. 按照毕业设计提纲撰写毕业设计论文（格式应严格按照学校的要求撰写，可以采用Word中的格式粘贴工具，将自己的论文内容放入毕业设计模板，确保格式规范） 5. 毕业设计论文正文一般应该包括： 1）采用原理图、设计简图等各种形式进行设计方案的详细说明 2）相关的计算分析、实验 3）方案的分析比较（方案的技术可行性、经济性、环保性的分析与论证） 4）结论的分析总结		

（续）

时间	工 作 任 务	学生需要完成的工作	教师的建议	进度完成情况与改进措施
第14周	毕业论文定稿	1. 与毕业设计任务书进行核对，进一步完善毕业设计的质量和内容，完成全部工作量。按照毕业设计提纲撰写毕业设计论文（格式应严格按照学校的要求撰写，可以采用Word中的格式粘贴工具，将自己的论文内容放入毕业设计模板，确保格式规范） 2. 实物毕业设计的同学，完成实物的制作等 3. 毕业论文的装订顺序：封面、任务书（双面打印）、目录、中文摘要、英文摘要、正文、致谢、参考文献（要求至少近三年的期刊文献20篇，格式规范） 4. 提供全部毕业设计成果（图样、数学模型、程序等毕业设计任务书要求的成果），交指导教师审阅，按照指导教师意见进行修改 5. 进行论文查重（重复率小于15%），进行程序测试等工作。根据查重和测试结果进行修改论文和完善毕业设计		
第15周	完善毕业设计任务，毕业设计资格审核，准备答辩	1. 与毕业设计任务书的要求进行核对，进一步完善毕业设计的质量和内容，完成全部工作量 2. 按照毕业设计提纲撰写毕业设计论文（格式应严格按照学校的要求撰写，可以采用Word中的格式粘贴工具，将自己的论文内容放入毕业设计模板，确保格式规范） 3. 根据查重结果进行论文完善和程序测试 4. 提供全部毕业设计成果（图样、数学模型、程序等毕业设计任务书要求的成果），交指导教师审阅，获得指导教师的评语，同意答辩 5. 提供全部毕业设计成果（图样、数学模型、程序等毕业设计任务书要求的成果），交评阅教师审阅，获得评阅教师的评语，同意答辩 6. 实物毕业设计的同学，提交学院实物作品等 7. 申请答辩资格检查。获得批准，准备答辩 8. 毕业设计成果装袋归档，准备答辩PPT		
第16周	做好答辩准备，答辩	1. 毕业设计成果装袋归档（归档要求见学院的相关规定），交答辩秘书 2. 答辩		

7.1.3 毕业论文的写作要求

毕业论文有严格的特定要求和规范，对论文的选题、论点和方法等撰写有明确的规定。一般理工各专业毕业设计（论文）成绩评定标准大致如下：

（1）成绩为"优秀"的毕业设计（论文）

1）按期完成任务书中规定的项目；能熟练地综合运用所学理论和专业知识；立论正确，分析、设计、计算、实验正确、严谨，结论合理；独立工作能力较强，科学作风严谨，毕业设计有一些独到或创新之处，水平较高。

2）毕业设计论文材料条理清楚、通顺，论述充分，逻辑性强，符合技术用语要求，符号统一，编号齐全，书面符合"毕业设计（论文）基本规范"的要求；图样完备、整洁、正确；源程序完整，演示正确，如确实不具备演示条件时应加以说明。

3）答辩时，思路清晰，论点正确，回答问题基本概念清楚，对主要问题回答正确。

（2）成绩为"良好"毕业设计（论文）

1）按期完成任务书中规定的项目；能较好地运用所学理论和专业知识；立论正确，分析、设计、计算和实验正确，结论合理；有一定独立工作能力，科学作风好；毕业设计有一定水平。

2）毕业设计论文材料条理清楚、通顺，论述正确，符合技术用语要求，书面符合"毕业设计（论文）基本规范"的要求；图样完备、整洁、正确；源程序完整。

3）答辩时，思路清晰，论点基本正确，能正确回答主要问题。

（3）成绩为"中等"的毕业设计（论文）

1）按期完成任务书中规定的项目；运用所学理论和专业知识基本正确，但在非主要内容上有欠缺和不足；立论正确，分析、设计、计算和实验基本正确；有一定独立工作能力；毕业设计水平一般。

2）文字材料通顺，但论述有个别错误或表达不甚清楚，书面基本符合"毕业设计（论文）基本规范"的要求；图样完备，但质量一般或有小的缺陷；源程序基本完整。

3）答辩时，对主要问题的回答基本正确，但分析不够深入。

（4）成绩为"及格"的毕业设计（论文）

1）在指导教师的具体帮助下，能按期完成任务；独立工作能力较差且有一些小的疏忽和遗漏；在运用理论和专业知识中，没有大的原则性错误；论点、论据基本成立；分析、设计、计算和实验基本正确。毕业设计基本符合要求。

2）文字材料通顺，但叙述不够恰当和清晰；语句、符号方面存在少量的问题，书面基本达到"毕业设计（论文）基本规范"的要求；图样质量不高，工作不够认真，个别错误明显；源程序不完整。

3）答辩时，主要问题经启发后回答基本正确。

（5）成绩为"不及格"的毕业设计（论文）

1）任务书规定的内容未按期完成；或基本概念和基本技能未掌握；在运用理论和专业知识中出现不应有的原则性错误；在方案论证、分析、设计和实验等工作中表现为独立工作能力差，毕业设计未达到最低要求。

2）文字材料不通顺，书面未达到"毕业设计（论文）基本规范"的要求，质量较差。

图样不全，或有原则性错误；源程序不全。

3）答辩时，对毕业设计的主要内容阐述不清，基本概念模糊，对主要问题的回答有错误，或回答不出。

7.1.4 毕业论文答辩

毕业论文的最后形式是通过毕业设计（论文）答辩。首先要通过毕业答辩资格审查，一般由学院负责组织对学生的答辩资格审查工作，凡不符合资格的学生不能参加答辩。

当毕业设计答辩时，通过学生口述和对答辩委员会提出问题的答复，来考核学生的专业素质和工作能力、口头表达能力和应变能力，对学生掌握和应用知识的程度做出判断，就课题的发展前景、研究方向进行交流和探讨。主要考察学生是否具有下列能力：

1）掌握技术文件写作方法，理解和撰写效果良好的报告和技术文件。

2）在机械工程领域解决复杂工程问题实践中，具有人文社会科学素养、社会责任感，了解国家的环境保护和可持续发展战略及相关的政策和法律、法规。

3）能够用图样、报告、论文或实物等形式，呈现机械系统的设计结果和复杂工程问题的解决方案。

4）能够使用现代工程工具和信息技术工具对解决复杂机械工程问题的过程和结果进行预测与模拟，并理解其局限性。

5）掌握编程和信息技术及其他现代工具，应用其解决复杂工程问题，并理解其局限性。

6）能够通过口头及书面方式表达自己的想法，能够进行有效的陈述发言。

7）了解机械行业相关学科基本知识和机械工程领域的发展现状，对机械工程领域的国际发展现状有基本了解，具有一定的跨文化交流能力。

8）了解与机械工程相关的技术标准、知识产权、产业政策和法律法规。

9）在多学科背景下的团队中作为负责人具备团队管理和项目实施能力。

10）针对复杂工程问题的复杂性，掌握自主学习的方法，具有不断学习和适应发展的能力。

毕业设计答辩委员会一般由 5~7 人组成。答辩委员会设主任一人、副主任一人，主任一般由学院主管院长担任。答辩委员会负责毕业设计答辩的组织工作，根据专业特点统一答辩要求和评分标准，主持毕业设计答辩工作。

答辩委员会下设若干答辩小组，每个答辩小组由 3~5 人组成，答辩小组成员应具备中级以上职称，答辩小组成员与指导教师之间应采取回避制度。

毕业设计答辩工作以答辩小组为单位进行，答辩小组负责组织学生答辩，撰写毕业设计答辩评语，综合考虑毕业设计指导教师意见、评阅教师意见和答辩情况后确定学生毕业设计成绩。

答辩总时间一般一个学生 20~25min，其中学生汇报 10~15min，回答问题 5~10min。

学生在毕业答辩前应做好充分准备，注意如下事项：

1）认真组织提炼论文的要点和创新点，做好相关图、表、文字和答辩 PPT 的准备（一般控制在 20~30 页之内）。

2）按照指定时间、地点准时参加毕业设计答辩。着装要正式，注意仪表整洁，答辩过程中要举止文明、语言得体。一般开始时介绍题目和自己的姓名，结束时总结毕业设计论文的主要内容，并明确表示介绍完毕，表示感谢。

3）答辩时应尽可能将毕业设计有关的结构图、流程图、成果和实验调试结果等进行现场展示。对于老师们已经明白的内容，简单介绍。

4）论文要点介绍完毕后，要听清楚老师的问题后再回答；当没有听清楚时，可以请老师重复一遍，力求回答问题不出差错。

答辩委员会或答辩小组根据答辩前评阅学生毕业设计中的问题以及学生宣讲中的问题进行提问，考察学生是否独立按时完成任务书规定的要求，对学生的独立工作能力、创新精神、科学态度和工作作风，完成毕业设计的质量和水平，答辩的自述、回答问题的深浅和正确程度，论文撰写是否符合学院规定和专业要求等评定成绩。

7.1.5 毕业论文文档归档要求

毕业设计论文全部完成后整理资料装毕业设计文件袋交所在学院归档。学生应提交的内容如下：

1）毕业设计论文有关内容及顺序。①封面；②毕业设计（论文）任务书；③摘要；④目录；⑤正文；⑥结束语；⑦参考文献。

2）毕业设计（论文）附录有关内容及顺序。①开题报告；②外文文献译文；③外文文献原文；④设计图样、计算机程序、重要原始数据、注释、数学推导、框图等其他资料。

3）指导教师评语表。

4）评阅教师评语表。

5）成绩评定表。

6）成绩评定表（二次答辩）。

7）成果光盘等。

7.2 硕士、博士学位论文的撰写

7.2.1 概述

1. 硕士、博士学位研究生的培养目标

研究生教育属于国民教育序列中的高等教育。按照攻读学位等级的不同，研究生可分为攻读硕士学位研究生和攻读博士学位研究生两级。前者简称"硕士生"，后者简称"博士生"。

高等学校和科学研究机构招收攻读硕士学位研究生的培养目标是：德、智、体全面发展，在本门学科内掌握坚实的基础理论和系统的专门知识；掌握一门外国语；具有从事科学研究、教学工作或独立担负专门技术工作的能力。

高等学校和科学研究机构招收攻读博士学位研究生的培养目标是：德、智、体全面发展，在本门学科上掌握坚实宽广的基础理论和系统深入的专门知识，具有独立从事科学研究工作的能力，在科学或专门技术上做出创造性成果的高级专门人才。

按照学习方式的不同，中国的研究生可分为脱产研究生和不脱产研究生。前者指在高等学校和科研机构进行全日制学习的研究生，又称为全日制研究生；后者指在学习期间仍在原工作岗位承担一定工作任务的研究生。

据统计，国家培养一名硕士研究生的费用约为 3 万元，培养一名博士研究生的费用需 4.5 万元。高校扩招以来，中国研究生教育发展很快。据统计，1998 年，在校硕士研究生达 15 万人，博士研究生达 4.5 万人；2005 年，研究生招生 37 万人，其中硕士研究生招生 31.6 万人，博士研究生招生 5.4 万人。

2013 年 4 月，国务院常务会议已经部署完善研究生教育投入机制，决定从 2014 年秋季学期起，向所有纳入国家招生计划的新入学研究生收取学费。但可以放心的是，在研究生全面收费以后，其他配套的奖学金、助学金制度也会相应地建立和完善，以防止研究生教育成为富人的专利。

按照专业和用途来划分，研究生可分为普通研究生和特殊种类研究生。根据中国的有关规定，普通硕士教育以培养教学和科研人才为主，授予学位的类型主要是学术型学位。中国学术型学位按招生学科门类分为哲学、经济学、法学、教育学、文学、历史学、理学、工学、农学、医学、军事学和管理学 12 大类，12 大类下面再分为 88 个一级学科，88 个一级学科下面再细分为 300 多个二级学科，同时还有招生单位自行设立的 760 多个二级学科。普通硕士的招生考试主要是年初的全国硕士研究生统一入学考试（简称"统考"），被录取后，获得研究生学籍。毕业时，若课程学习和论文答辩均符合学位条例的规定，可获毕业证书和学位证书。特殊类研究生，即专业学位研究生，自 21 世纪以来，中国经批准设置的专业学位已达 15 类。专业学位教育是中国研究生教育的一种形式。区别于一般意义上侧重理论、学术研究的研究生教育，专业学位教育旨在针对一定的职业背景，培养高层次、应用型人才。

专业学位的职业指向性非常明确。国务院学位委员会第十四次会议审议通过的《专业学位设置审批暂行办法》规定，专业学位为具有职业背景的学位，为培养特定职业高层次专门人才而设置。

专业学位分为学士、硕士和博士三级，但大多只设置硕士一级。各级专业学位与对应的中国现行各级学位处于同一层次。专业学位的名称表示为"××（职业领域）硕士（学士、博士）专业学位"。

2. 学位论文的要求

硕士学位论文的基本要求：查阅资料广泛，综合分析透彻，接触学科前沿，了解本领域国内外学术动态；论文的选题应在学术上或对社会发展具有一定的理论意义或实践价值；论文研究成果有所发现、有所创新，能够表明作者已具有独立从事科学研究工作的能力或综合运用科学理论、方法和技术解决实际问题的能力。学位论文应在导师指导下，由硕士研究生本人独立完成。

博士学位论文的基本要求：充分了解相关领域的历史与现状，熟悉本研究领域的前沿和国内外学术动态；论文选题有重大的理论意义或实用价值；论文具有创造性，研究成果对学科发展、经济建设、科技进步与社会发展具有明显的贡献；能够表明作者已具有较强的独立从事科学研究工作的能力。学位论文应在导师指导下，由博士研究生本人独立完成。

除外语类专业外，研究生学位论文一般用中文撰写。非中文撰写的学位论文，博士学位论文至少要有 8000 字以上的详细中文摘要，硕士学位论文至少要有 3000 字以上的详细中文摘要。详细中文摘要作为论文附录。

学位论文的内容一般包括 13 个部分，依次为封面、中文扉页、英文扉页、论文原创性声明和使用授权说明、摘要、Abstract、关键词（中英文）、目录、正文、参考文献、附录、攻读学位期间发表的学术论文、致谢。各部分具体要求如下：

（1）封面　采用研究生院统一制定的格式，包含分类号、密级、UDC、编号、论文题目、学位申请人姓名、申请学位学生类别、申请学位学科专业、指导教师姓名。

分类号：暂空。

密级：非涉密（公开）论文不需标注密级，涉密论文须标注论文的密级。

UDC：暂空。

编号：暂空。

论文题目：能概括整个学位论文的中心内容，简明、扼要。论文题目一般不超过 25 个字，必要时可加副标题（在题目下一行以"——"打头，居中）。

学位申请人姓名：填写研究生姓名。

申请学位学生类别：填写博士、全日制硕士、同等学历人员、高校教师在职攻读硕士学位人员或专业学位人员等。专业学位人员填写具体的专业学位名称。

申请学位学科专业：学术型学位学科专业填写《授予博士、硕士学位和培养研究生的学科、专业目录》中的二级学科或自主设置专业，专业型学位学科专业填写专业学位领域，无领域学科不填（如：机械工程硕士）。

指导教师姓名：填写指导教师姓名、职称（教授、研究员等）。

（2）中文扉页　采用研究生院制定的统一样式，内容包括：博士/硕士学位论文、论文题目、论文作者、指导教师、学科专业、研究方向、作者所在院系、论文提交时间，其中学术型学位学科专业填写《授予博士、硕士学位和培养研究生的学科、专业目录》中的二级学科或自主设置专业，专业型学位学科专业填写专业学位领域，无领域学科不填（如：机械工程硕士）；作者所在院系须填写院系完整名称。

（3）英文扉页　具体内容同中文扉页。

（4）论文原创性声明和使用授权说明　当提交论文时，论文原创性声明须作者本人亲笔签名，学位论文使用授权说明需作者本人和指导教师亲笔签名。

（5）摘要　摘要由内容和关键词组成。摘要内容主要描述研究工作的目的、研究方法、结果和最终结论，重点突出论文成果的创新性。语言要求简明准确，硕士学位论文中文摘要一般为 800 字左右，博士学位论文中文摘要一般为 1200 字左右。

（6）Abstract　Abstract 的内容与中文摘要相同。

（7）关键词　关键词是指从学位论文中抽取用于表示论文主要内容的词或术语。关键词选取 3~5 个，另起一行置于摘要下方，多个关键词之间用分号隔开，最后一个关键词后不加标点。

（8）目录　目录由标题名称和页码组成，内容包含摘要，Abstract，正文的一级、二级、三级标题和序号，参考文献，附录，攻读学位期间发表的学术论文和致谢。目录应根据论文内容依次展开，中英文摘要页码用古罗马数字编排，正文及其以后内容页码用阿拉伯数字编排。学位论文标题编号形式可根据内容自行决定，理工科学位论文标题编号形式一般为 1、1.1、1.1.1。

（9）正文　正文是学位论文的核心部分，因学科专业、选题背景等不同，正文的内容、结构存在差异，但一般第一章为绪论，最后一章为结论与展望。

绪论部分主要描述论文的研究目的和意义、国内外现状分析以及本文的主要研究内容。

结论与展望部分主要描述论文的研究结论、展望或建议，重点突出论文的创新点。

（10）参考文献　参考文献是作者撰写论文或论著而引用的有关期刊论文和图书资料等。当作者直接引述别人的话，或者虽未直接引述别人的话，但参考了别人著作或论文的意思的时候，必须注明参考文献。

（11）附录　附录一般作为学位论文主体的补充部分，以方便他人阅读，包括较复杂的公式、图标，非常必要的程序说明或程序全文，关键调查问卷或方案等。

（12）攻读学位期间发表的学术论文（博士）　学术论文应按发表的时间先后顺序排序，包括已发表或已录用的主要学术论文的期刊名称、卷册号、页码和年月等。

（13）致谢　对指导完成论文的导师，提供各类资助、指导和协助完成论文研究工作的单位及个人表示感谢。致谢应实事求是，真诚客观，语言简洁、真诚。

7.2.2　学位论文的科研选题和准备过程

在学位论文的写作中，科研选题是非常重要的一个基础环节。

在进行科研选题时要注意选题可大可小，大到一个领域、一个学科，小到一个方法、一个理论，可根据自己的需要而定，一般来说题目选得小些，查阅文献的数量相对较少，撰写时易于归纳整理，否则，题目选得过大，查阅文献花费的时间太多，归纳整理困难，最后写出的综述大题小做或是文不对题。选题时需要注意以下原则：

1. 课题选择和国际接轨

了解国内外研究动态，选择与国内外学术研究合拍的课题。由于多方面因素的影响，我国科学研究选题与国际先进水平还有一定距离。我国一家权威科研机构不久前在国内挑选了许多前沿领域的研究课题，准备参与国际合作，但到美国后发现近三分之二的课题已经不属前沿，在美国很少有人研究。

2. 课题要有可发展性

课题具有可发展性对高水平论文的持续产出具有极大作用。中国科技大学范洪义另辟蹊径，发展了诺贝尔奖得主狄拉克（Dirac）奠定的量子论的符号法，系统地建立了"有序算符内的积分理论"，1998年他有24篇论文被SCI收录；他对自己论文高产的解释是，研究"具有开创性，突破一点以后就可以向纵深发展，使研究工作自成系列、成面成片"。

3. 借助工具选题

1）查阅有关领域的检索工具，这些工具各高校都有。

2）要想了解SCI收录期刊所反映的科技动态，可直接登录 www.webofscience.com；如果想要了解SCI期刊信息，比如影响因子、立即指数等则可以登录 Journal Citation Reports（简称JCR），网址：http://jcr.incites.thomsonreuters.com/。

3）利用ISI（Institute for Scientific Information）提供的选题工具帮助，例如，能对正在开展的工作进行量化分析，以保证用户科学研究同科学发展趋向是一致的；介绍有关最杰出人物研究状况、有关领域研究热点和发展趋向。

4）利用网上数据库了解国际学术研究动态及有关资料。只要有心参与国际学术竞争，选择与国际学术研究接轨的课题并不存在难以克服的障碍。

7.2.3 硕士学位论文的开题报告和中期检查

与硕士学位培养相关的环节包括开题报告和中期检查。

开题报告主要包括选题意义、综述、研究内容和研究方法、可能取得的研究成果及时间安排，目的是确定选题有意义，同时保证能够在规定的时间范围内完成。

中期检查主要是简要进行综述、简要重复研究内容和时间安排、重点介绍取得的阶段性成果、撰写和发表论文的情况，如果进行调整，需要说明原因及接下来的时间安排等，确定是否按照开题确定的计划，如期完成了一半左右的研究内容。

1. 硕士学位论文的开题报告

开题报告的撰写第一步，需要进行文献的搜集整理和吸收，在前人研究的基础上，结合自己的选题完成文献综述。

文献综述是在前人研究基础上，了解有关某个任务或者研究课题的现有知识、信息、背景知识，研究者从前人的研究中经综合分析而写成的一种学术论文，反映当前某一领域中某分支学科或重要专题的最新进展、学术见解和建议，它往往能反映出有关问题的新动态、新趋势、新水平、新原理和新技术等。

当同学们需要完成一份课堂作业，一篇研究论文，一篇学士论文、硕士论文或博士论文时都需要写一篇文献综述。

通常一份课堂作业、一篇研究论文、一篇毕业设计的开题报告需要的文献综述是展现有关某个问题的现有知识，称为一般文献综述。

文献综述不是单纯把一级文献客观地归纳报告，要求对文献资料进行综合分析、归纳整理，使材料更精练明确、更有逻辑层次；"述"就是要求对综合整理后的文献进行比较专门的、全面的、深入的、系统的论述。总之，文献综述是作者对某一方面问题的历史背景、前人工作、争论焦点、研究现状和发展前景等内容进行评论的科学性论文。

（1）文献查阅与文献综述的撰写 在文献综述中，确定研究主题是根据研究任务，分析研究对象和内容；查询该研究任务所涉及的专业术语，查找相关内容的百科全书、手册等相关资料。选择研究角度，准备文件处理工具。将研究任务用专业术语进行描述。

选定题目后，围绕题目搜集与文题有关的文献。搜集文献的方法，如看专著、年鉴法、浏览法、滚雪球法和检索法等。搜集文献要求越全越好，最常用的是检索法。

搜集好与文题有关的参考文献后，就要对这些参考文献进行阅读、归纳、整理，如何从这些文献中选出具有代表性、科学性和可靠性大的单篇研究文献十分重要，从某种意义上讲，所阅读和选择的文献的质量高低，直接影响文献综述的水平。在阅读文献时，可以写好"读书笔记""读书心得"和做好"文献摘录卡片"。用自己的语言写下阅读时得到的启示、体会和想法，将文献的精髓摘录下来，不仅为撰写综述时提供有用的资料，而且对于训练自己的表达能力、阅读水平都有好处，特别是将文献整理成文献摘录卡片，对撰写综述极为有利。表 7-2 所示为文献资料分类，表 7-3 所示为文献资料与数据库。

表 7-2 文献资料分类

时间	年	月	星期	日	即时
资料类型	书籍、专著、参考著作	杂志、期刊	畅销的行业杂志	报纸	网页
内容类型	理论基础、定义、研究性、主要概念、构架	近期研究、理论研究、争论	现有问题、辩论、应用、实践、专业问题	当前问题、争论、专业问题	最新问题、争论、专业问题

表 7-3 文献资料与数据库

文献类型	书籍、专著、参考著作	杂志、期刊	论文、专题	报纸	网页
数据库	网上图书馆	图书馆在线数据库（特别是自己行业、学术机构的数据库。可以使用 ENDNOTE、CITATION、REF WORKS）	论文摘要	网络	网络

在撰写文献综述时应注意以下几个问题：

1) 搜集文献应尽量全。掌握全面、大量的文献资料是写好综述的前提，否则，随便搜集一点资料就动手撰写是不可能写出好的综述的，甚至写出的文章根本不能称为综述。

2) 注意引用文献的代表性、可靠性和科学性。在搜集到的文献中可能出现观点雷同，有的文献在可靠性及科学性方面存在着差异，因此在引用文献时应注意选用代表性、可靠性和科学性较好的文献。注意时效性（以最近五年内的文献为主）。

3) 引用文献要忠实文献内容。由于文献综述有作者自己的评论分析，因此在撰写时应分清作者的观点和文献的内容，不能篡改文献的内容。

4) 参考文献不能省略。有的科研论文可以将参考文献省略，但文献综述绝对不能省略，而且应是文中引用过的，能反映主题全貌的并且是作者直接阅读过的文献资料。

通过搜集文献资料过程，可进一步熟悉文献的查找方法和资料的积累方法；在查找的过程中同时也扩大了知识面；查找文献资料、写文献综述是科研选题及进行科研的第一步，因此学习文献综述的撰写也是为今后科研活动打基础的过程；通过综述的写作过程，能提高归纳、分析、综合能力，有利于独立工作能力和科研能力的提高。

文献综述撰写一般经过以下几个阶段，即选题、搜集阅读文献资料、拟定提纲（包括归纳、整理和分析）和成文。

一般文献综述的写作过程如图 7-1

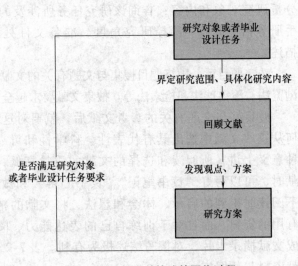

图 7-1 一般文献综述的写作过程

所示。

一篇学士论文、硕士论文或博士论文的文献综述是为了发现问题，从而进行深入研究，可以称为高级文献综述。高级文献综述的写作过程如图 7-2 所示。

文献综述要求向读者介绍与主题有关的详细资料、动态、进展、展望以及对以上方面的评述。文献综述一般包含四部分，即前言、主题、总结和参考文献。撰写文献综述时可按这四部分拟写提纲，再根据提纲进行撰写工作。

1）前言部分。主要是说明写作的目的，介绍有关的概念及定义，以及综述的范围，扼要说明有关主题的现状或争论焦点，使读者对全文要叙述的问题有一个初步的轮廓。

2）主题部分。是综述的主体，可按年代顺序综述，也可按不同的问题进行综述，还可按不同的观点进行比较综述。将所搜集到的文献资料归纳、整理及分析比较，阐明有关主题的历史背景、现状和发展方向，以及对这些问题的评述，主题部分应特别注意代表性强，具有科学性和创造性的文献引用和评述。

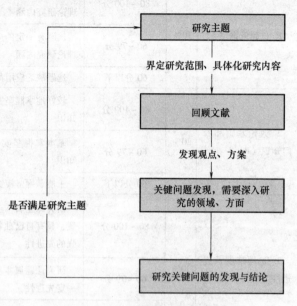

图 7-2 高级文献综述的写作过程

3）总结部分。将全文主题进行扼要总结，提出自己的见解。

4）参考文献放在文末，作为文献综述的重要组成部分，不仅表示对被引用文献作者的尊重及引用文献的依据，而且为读者深入探讨有关问题提供了文献查找线索。参考文献的编排应条目清楚、查找方便，内容准确无误。关于参考文献的使用方法、录著项目及格式与研究论文相同，不再重复。

(2) 开题报告的撰写　开题报告包括下列内容：

1）研究背景与立项意义。包括选题背景（包括课题来源、课题名称）、文献综述（包括选题依据、应用背景和国内外研究现状、发展动态、课题研究目的、意义等）。

2）研究内容。主要研究内容：拟解决实践中的问题和关键技术；可行性分析及论证：技术可行性论证、资料来源或实验设备的可能性。

3）研究手段及条件。拟采取的研究方法、技术路线、实施方案及所需研究条件和实验条件；预期达到的目标，可能取得的创新之处；所需经费，包括经费来源及开支预算。

4）拟解决的主要难点、问题。研究过程中预计可能遇到的困难或问题，解决的方法和措施。

5）研究进度与计划。根据开题报告和开题答辩的内容，评审组对开题进行评价。表 7-4 所示为某学校对专业硕士的开题评分标准。

表 7-4 某学校对专业硕士的开题评分标准

评审项目	权重	评分标准		得分
1. 选题依据（A）	30%	80～100分	选题有较强的应用背景、实用价值和较深的理论研究内涵	
		60～79分	选题有一定的应用背景、实用价值和较深的理论研究内涵	
		60分以下	选题缺乏应用背景和实用价值	
2. 理论基础和专门知识（B）	20%	80～100分	较好地掌握坚实宽广的理论基础和系统专业知识	
		60～79分	基本掌握坚实宽广的理论基础和系统专业知识	
		60分以下	未能掌握坚实宽广的理论基础和系统知识	
3. 选题难度及先进性（C）	30%	80～100分	研究课题属本应用领域发展方向并居前沿位置，具有自己独特的思考、研究课题，具有较强的先进性	
		60～79分	研究课题属本应用领域的发展方向，并具有一定先进性	
		60分以下	研究课题与本应用领域的发展方向先进性不明显，难度欠佳	
4. 文字表达（D）	10%	80～100分	条理清晰，分析严谨，文笔流畅	
		60～79分	条理较好，层次分明，文笔较流畅	
		60分以下	写作能力较差	
5. 口头报告（E）	10%	80～100分	报告严密、逻辑性强、表达清楚	
		60～79分	基本概念清晰、层次分明，表达较清楚	
		60分以下	表达较差	
总分		总分 = 0.3A + 0.2B + 0.3C + 0.1D + 0.1E		

2. 硕士学位论文的中期检查

硕士学位论文的中期检查是学校或者培养单位监督和检查研究生在完成论文期间的阶段性评价工作。一般在研究生开始进行研究工作的一半时间内，需要提交中期进展报告，由学院进行中期检查和评价。表7-5所示为某学校硕士学位论文中期检查质量记录表。

表 7-5 某学校硕士学位论文中期检查质量记录表

检查项目	权重	评分标准	得分
选题	10%	选题有较强的应用背景、实用价值和较深的理论研究内涵	
文献综述	20%	对国内外文献资料掌握全面、分析到位，有自己的见解	
技术难度与工作量	20%	研究课题属本应用领域发展方向并居前沿位置，具有自己独特的思考、研究课题，具有较强的先进性，完成工作量一半	
设计内容与方法	10%	设计方案合理、设计结构正确、设计依据翔实可靠、设计方法体现先进性	

(续)

检查项目	权重	评分标准	得 分
知识水平	20%	综合应用基础理论、专业知识、科学方法和技术手段,分析和解决工程实际问题的能力和水平,是否较好地掌握坚实宽广的理论基础和系统专业知识	
成果评价	10%	具有一定的创新性、先进性、实用性、较好的经济效益和社会效益	
论文写作	10%	概念清晰、结构合理、层次分明、文理通顺、书写规范、报告严密、逻辑性强、表达清楚、分析严谨,文笔流畅	
合计			
专家评语			

7.2.4 硕士学位论文的基本要求和写作

硕士学位论文的工作一般包括:文献阅读、选题调研、理论分析、实践研究、论文撰写和论文答辩等环节。一般硕士研究生用于完成硕士论文的工作实际时间在 1 年半到两年之间。选题在第三学期开始进行。

1. 硕士学位论文的要求

硕士学位论文是整个研究期间最重要的论文,要对开题以来的研究工作有完整的认识,同时能够评估研究工作的创新性。相对于其他公开发表的论文来说,学位论文要求文献综述更为详尽,关于研究方法、结果的细节要交代,对实验结果要进行深入的讨论分析。

硕士学位论文的体系结构一般比较固定,论文包含一些具有特定功能的主体要素,硕士学位论文的构成如图 7-3 所示,包括中英文摘要、关键词、独立完成的声明、选题的依据与意义、国内外文献综述、论文的主体部分(研究内容、设计方案、分析计算、理论分析、实验验证等)、结论、参考文献、必要的附录和致谢等部分内容,有的还有个人简历、个人的主要成果列表等。

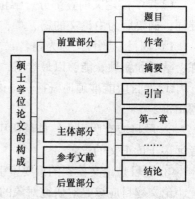

图 7-3 硕士学位论文的构成

2. 硕士学位论文的规范要求

硕士学位论文写作具有一定的语言特点和格式要求,在字体字号等格式方面要求如下:
① 题目:小二号宋体。
② 摘要:小四号宋体。
③ 一级标题:三号宋体。
④ 二级标题:小三号宋体。
⑤ 三级标题:四号宋体。

⑥ 正文：小四号宋体。
⑦ 参考文献：五号宋体。
⑧ 英文摘要：Times New Roman 小四号。

正文格式如下：

① 硕士学术论文各章应有序号，序号用阿拉伯数字编码，层次格式如下：

1. ××××（三号黑体，居中）

  ××××××××××（内容用小四号宋体）

1.1 ××××（小三号黑体，居左）

  ××××××××××（内容用小四号宋体）

1.1.1 ××××（四号黑体，居左）

  ××××××××××（内容用小四号宋体）

① ××××（用与内容同样大小的宋体）

1）××××（用与内容同样大小的宋体）

a. ××××（用与内容同样大小的宋体）

② 图。图应编排序号。每一图应有简短确切的图名，连同图号置于图下。字体为5号宋体。

③ 表。每一表应有简短确切的表名，连同表号置于表上。表注应编排序号，并将附注文字置于表下。字体为5号宋体。

(1) 学位论文前置部分 学位论文的前置部分主要包括题目、目录、作者和摘要及关键词，摘要后为由论文的篇、章、条、附录、题录等序号，名称和页码组成的目录页。

1）题目。题目又称为题名或标题，是硕士学位论文的第一个主体要素，要求准确、简练、醒目和新颖，能够以最恰当、最简明的词语反映论文中最重要的特定内容。

① 题目应能准确地概括学位论文的全文内容，一般要求提纲挈领，点明主题，做到文题相符。

② 题目应有吸引力，能够吸引读者，读者往往"以题取文"，一般情况下，看题目的读者远多于读正文的读者。

③ 题目是论文检索的重要索引，好的标题便于检索，有利于论文的流通和传播。

论文题目应该是对研究对象的精确具体的描述，这种描述一般要在一定程度上体现研究结论，因此，论文题目不仅应告诉读者这篇论文研究了什么问题，更要告诉读者这个研究得出的结论。

2）摘要。摘要是论文内容不加注释和评论的简短陈述，为了国际交流，还应有外文（多用英文）摘要。摘要应具有独立性和自含性，即不用阅读全文，就能获得必要的信息。摘要中有数据、有结论，是一篇完整的短文，可以独立使用、引用，可以用于工艺推广。

摘要的内容应包含与论文同等量的主要信息，供读者确定有无必要阅读全文，也供文摘等二次文献采用。摘要一般应说明研究工作的目的、实验方法、结果和最终结论等，而重点是结果和结论。

关键词是从论文的题目、提要和正文中选取出来的，对表述论文的中心内容有实质意义的词汇。每篇论文选取 3~8 个词作为关键词，以显著的字符另起一行，排在摘要的左下方。关键词便于信息系统汇集，以供读者检索。

摘要一般包含如下内容：
① 从事这一研究的目的和重要性。
② 研究的主要内容，指明完成了哪些工作。
③ 获得的基本结论和研究成果，突出论文的新见解。
④ 结论或结果的意义。

摘要写作中要注意以下事项：
① 摘要中应排除本学科领域已成为常识的内容，切忌把应在引言中出现的内容写入摘要，一般也不要对论文内容进行诠释和评论（尤其是自我评价）。
② 不得简单重复题目中已有的信息。
③ 结构严谨，表达简明，语义确切。摘要先写什么，后写什么，要按逻辑顺序来安排。句子之间要上下连贯、互相呼应。摘要慎用长句，句型应力求简单。
④ 用第三人称。不必使用"本文""作者"等作为主语。
⑤ 要使用规范化的名词术语，不用非公知公用的符号和术语。新术语或尚无合适汉文术语的，可用原文或译出后加括号注明原文。
⑥ 除了实在无法变通以外，一般不用数学公式和化学结构式，不出现插图、表格。
⑦ 不用引文，除非该文献证实或否定了他人已出版的著作。
⑧ 缩略语、略称、代号，除了相邻专业的读者也能清楚理解的以外，在首次出现时必须加以说明。
⑨ 论文摘要切忌写成全文的提纲，尤其要避免"第1章……第2章……"这样的或类似的陈述方式。

科技论文写作时应注意的其他事项，如采用法定计量单位，正确使用语言文字和标点符号等，也同样适用于摘要的编写。目前摘要编写中的主要问题有：要素不全，或缺目的，或缺方法；出现引文，无独立性与自明性；繁简失当。

（2）硕士学位论文主体部分　硕士学位论文主体部分是围绕论文主题开展的，其编写格式一般由引言（或绪论）开始，以结论结束。硕士学位论文只能有一个主题，表述要严谨简明，重点突出，专业常识应简写或不写，做到层次分明、数据可靠、文字凝练、说明透彻、推理严谨、立论正确，避免使用文学性质的或带感情色彩的非学术性语言。论文中如出现一个非通用性的新名词、新术语或新概念，需随即解释清楚。

硕士学位论文的引言又称为前言、序言和导言，用在论文的开头。

引言一般简要说明研究工作的目的、范围、相关领域的前人工作和知识空白、理论基础和分析、研究设想、研究方法和实验设计、预期结果和意义等。引言应言简意赅。

一篇硕士学位论文的引言，大致包含如下几个部分：
① 问题的提出：讲清所研究的问题"是什么"。
② 选题背景及意义：讲清为什么选择这个题目来研究，即阐述该研究对学科发展的贡献、对国计民生的理论与现实意义等。
③ 文献综述：对本研究主题范围内的文献进行详尽的综合述评，"述"的同时一定要有"评"，指出现有研究成果的不足，讲出自己的改进思路。
④ 研究方法：讲清论文所使用的科学研究方法。
⑤ 论文结构安排：介绍本论文的写作结构安排。"第2章，第3章……，各章之间要存

在有机联系，符合逻辑顺序。

硕士学位论文为了反映作者确已掌握了坚实的基础理论和系统的专门知识，具有开阔的科学视野，对研究方案做了充分论证，因此，有关历史回顾和前人工作的综合评述，以及理论分析等，可以单独成章，用足够的文字叙述。

论文正文提出论点、分析问题—论据和论证、解决问题—论证与步骤、得出结论。正文是论文的核心部分，占主要篇幅，包括：调查对象、实验和观测方法、仪器设备、材料原料、实验和观测结果、计算方法和编程原理、数据资料、经过加工整理的图表、形成的论点和导出的结论等。

由于研究工作涉及的学科、选题、研究方法、工作进程和结果表达方式等有很大的差异，对正文内容不进行统一的规定。必须实事求是、客观真切、准确完备、合乎逻辑、层次分明、简练可读。

报告、论文的结论是最终的、总体的结论，不是正文中各段小结的简单重复。结论应该准确、完整、明确和精练。

正文后对下列方面致谢：国家科学基金，资助研究工作的奖学金基金，合同单位、资助或支持的企业、组织或个人；协助完成研究工作和提供便利条件的组织或个人；在研究工作中提出建议和提供帮助的人；给予转载和引用权的资料、图片、文献、研究思想和设想的所有者；其他应感谢的组织或个人。

(3) 硕士学位论文参考文献　参考文献是将论文写作中可参考或引证的主要文献资料，列于论文的末尾。参考文献应另起一页，标注方式按 GB/T 7714—2015《信息与文献参考文献著录规则》进行。参考文献以文献在整个论文中出现的次序用［1］、［2］、［3］……形式统一排序、依次列出。

参考文献的表示格式如下：

著作格式：［序号］作者．书名［文献类型标志］．版次．出版地：出版者，出版年：引文页码．

期刊格式：［序号］作者．文章名［文献类型标志］．期刊名，年，卷（期）：引文页码．

学位论文：［序号］编者．论文集名［学位论文］（英文用［dissertation］）［文献类型标志］．保存地：保存单位，年份．

专利：［序号］专利所有者．专利题名：专利号［文献类型标志］．公开日期［引用日期］．获取和访问路径．

技术标准：［序号］起草责任者．标准名称：标准代号 标准顺序号—发布年［S］．出版地：出版者，出版年份：引文页码．

所列参考文献的要求如下：

1) 所列参考文献应是正式出版物，以便读者考证。

2) 所列举的参考文献要标明序号、著作或文章的标题、作者、出版物信息。

(4) 硕士学位论文后置部分　硕士学位论文的后置部分主要包括附录，附录是论文主体的补充，并不是必需的。附录内容包括：为了论文材料的完整，不便于编入正文的罕见珍贵资料；对一般读者并非必要阅读，但对本专业同行有参考价值的资料；某些重要的原始数据、数学推导、计算程序、框图、结构图、注释、统计表、计算机打印输出件等。

7.2.5 硕士学位论文的答辩与发表

（1）硕士、博士学位论文答辩 研究生完成硕士学位论文后，持经研究生导师对论文审阅并同意的评语意见、开题报告、学位论文、公开发表的与研究内容有关的科技论文，向所在学校提出答辩申请。

研究生院组织对硕士研究生的学位论文全部盲评或者抽查盲评。论文通过查重和外审专家的评审，达到答辩要求，学校聘请相关专家组成答辩委员会。

国家规定"学位论文的学术水平由答辩委员会确定，为优秀、良好、合格、不合格四个等级。答辩委员会对学位论文的学术水平进行评定时应参考校内外评阅人的评审意见，并对优秀比例进行严格的控制，一般为答辩人数的 1/3 左右。"

一般学术委员会规定在学位论文评阅结果中，评价等级出现 C 或 B 者，评价结论出现"较大修改"者，均不能评价为优秀。

同学们在论文完成后，也要做好答辩前的充分准备。准备的具体内容为参加本科生毕业设计答辩前的准备。

一般硕士学位论文答辩人报告论文的时间不少于 20min。硕士答辩委员会提问，答辩人回答问题的时间不少于 30min。

博士答辩人报告学位论文的主要情况，重点报告论文的主要观点、创新之处和存在问题，以及其他需要补充说明的内容，时间应不少于 30min；研究生在答辩中必须有论文摘要的外语陈述。博士答辩委员会提问，答辩人回答问题。答辩委员会应着重与答辩人共同探讨问题，避免对论文进行泛泛的评论。论文答辩时应允许旁听者提问。提问后，可给答辩人一定的准备时间。答辩委员会应重点考察答辩人回答所提问题的科学性、准确性。时间应不少于 40min。

博士学位论文答辩委员会决议需包括以下内容：

1）对论文选题的评价。选题对学科发展、经济建设、社会进步有何理论意义或实用价值；立论依据是否充分，对国内外相关文献的了解是否全面。

2）对课题设计的评价。研究目标是否明确，研究方法是否先进、恰当，技术路线是否清晰、缜密，课题的难易程度如何。

3）对研究成果的评价。研究内容是否完整，实验数据是否真实，结论是否正确，理论分析是否严谨；创新性何在，并对论文的创新点（一般不超过三点）进行等级评价。

论文创新性分为以下四个评价等级：

① 有很强的创新性。
② 有较强的创新性。
③ 有一定的创新性。
④ 没有创新性。

4）对答辩人业务水平及论文写作水平的评价。答辩人对本学科领域基础理论及相关知识的掌握是否坚实宽广，是否具备独立从事科研工作的能力；论文结构是否合理，层次是否清晰，行文是否流畅，分析论证是否合乎逻辑，写作是否符合规范。

5）对论文不足之处的评价。须明确指出论文尚有何缺点和不足，有何需改进或进一步深入研究的问题。

6）对论文答辩情况的概述。答辩人回答问题是否完整、准确，思路是否清晰；答辩中存在什么问题和不足。

7）对是否建议授予学位的结论性意见，分别为：

① 建议授予博士学位。

② 建议重新答辩。

③ 建议不授予博士学位。

④ 达不到博士学位水平建议授予硕士学位。

8）结尾部分的体例应统一为：答辩人对答辩委员会提出的问题一一做了回答，答辩委员会表示满意（或基本满意、或不满意）。经全体答辩委员会委员评议和无记名投票表决，一致（或具体票数）通过（或不通过）该论文答辩，并建议校学位委员会授予其工学博士学位（或其他结论）。博士学位论文答辩委员会决议内容必须充分、具体，力戒空话、套话，篇幅一般不少于 500 字。

硕士学位论文答辩的程序和要求以及答辩委员会决议写作规范参照博士学位论文执行，硕士学位论文答辩委员会决议篇幅一般不少于 300 字。

学位论文答辩的程序如下：

1）答辩开始前由学位评定委员会负责人或委员宣布答辩委员会主席及成员名单。

2）答辩委员会主席宣布答辩开始并主持论文答辩。

3）导师介绍答辩人的基本情况，内容包括答辩人的简历、执行培养计划、从事科学研究、论文写作等情况及论文的主要学术价值。

4）答辩人报告学位论文的主要情况（硕士：不少于 20min，博士：不少于 30min）。

5）答辩委员会主席宣读或简要介绍导师和评阅人对论文的评审意见。

6）答辩委员会提问，答辩人回答问题（硕士：不少于 30min，博士：不少于 40min）。

7）答辩委员会举行会议，做出答辩评价，进行投票表决，主要议程如下：

① 评议学位论文水平及答辩情况。答辩委员会应根据学位论文的评价项目和评价要素，对论文本身及答辩情况做出科学评价。

② 在对答辩情况充分交换意见的基础上，以无记名投票方式做出是否建议授予学位的决定。经答辩委员会全体成员 2/3（含 2/3）以上同意者为通过。

③ 讨论并形成答辩决议书。答辩决议书需由答辩委员会主席、委员分别签字。答辩决议必须有对论文不足之处的评语和修改要求，否则无效。

④ 审查"×××学位论文原始资料审核表"并由主席签署意见。

8）答辩委员会主席向答辩人当面宣读答辩委员会决议并宣布表决结果。

9）答辩委员会主席宣布答辩结束。

（2）论文评价标准　在论文答辩前，参加答辩的学生最关心答辩能否通过。对于论文的评价，有着相对规范、合理有效的评价标准。表 7-6 所示为硕士学位论文评价指标体系。

表 7-6　硕士学位论文评价指标体系

检查项目	权重	评分标准	得分
选题	10%	选题有较强的应用背景、实用价值和较深的理论研究内涵	
文献综述	10%	对国内外文献资料掌握全面、分析到位，有自己的见解	

（续）

检查项目	权重	评分标准	得 分
技术难度与工作量	20%	研究课题属本应用领域发展方向并居前沿位置，具有自己独特的思考、研究课题，具有较强的先进性，完成工作量一半	
设计内容与方法、技术的先进性	20%	设计方案合理、设计结构正确、设计依据翔实可靠、设计方法体现先进性	
理论水平、知识水平	20%	综合应用基础理论、专业知识、科学方法和技术手段分析和解决工程实际问题的能力和水平，是否较好地掌握坚实宽广的理论基础和系统专业知识	
成果评价、创新性	10%	具有一定的创新性、先进性、实用性、较好的经济效益和社会效益	
论文写作	10%	概念清晰、结构合理、层次分明、文理通顺、书写规范、报告严密、逻辑性强、表达清楚、分析严谨，文笔流畅	
合计	100%		
专家评语			

（3）学位论文的发表　有些学校要求硕士研究生在硕士学位论文答辩之前必须公开发表至少一篇第一作者学术论文（录用通知也可以），并且要求该论文加注所就读单位名称。

公开发表科技论文可以是发表在科技期刊上，也可以是发表在国内外学术会议论文集上，并在会议上宣读。

思考题

1. 毕业设计论文的基本要求是什么？
2. 如何进行毕业设计选题？面对毕业设计，你的选题途径有哪些？
3. 毕业设计论文写作的主要内容包括哪些？
4. 毕业设计论文主要包括哪些基本要素？
5. 毕业设计论文答辩前，需要做好哪些准备？
6. 什么是硕士学位？硕士学位论文的开题报告应该如何撰写？一般包括哪些内容？应该如何准备？
7. 硕士学位论文的中期检查是怎样进行的？
8. 硕士学位论文包括哪些内容？
9. 硕士学位论文的撰写过程主要包括哪些环节？
10. 硕士学位论文的质量评价标准是什么？

第 8 章

学术报告的制作

学术报告是进行科学研究的一个重要工具,听取学术报告能开拓学术视野,制作学术报告能促进学术研究,而报告的准备过程能够加深对研究内容的理解,报告的讨论过程能够启发思维增强对表达的训练,学术报告在科学研究中具有重要意义。一个好的学术报告必须具备两个必要条件:一是内容,因为内容决定质量,二是形式,因为好的形式才能呈现好的效果。好的学术报告能给人知识上的提高,能够同时让发言人和听众保持愉悦的心情。下面分别就学位论文答辩报告、科技学术报告和会议交流海报三种学术报告形式,深度剖析如何制作好的学术报告。

8.1 学位论文答辩报告

学位论文写好之后要呈交指导老师和答辩委员会审阅,并要在答辩委员会主持的答辩会上进行答辩。学位论文的答辩报告一般包括下面四个主要部分:

(1) 毕业论文选题的意义

1) 为什么选择这个题目,其价值和意义何在。

2) 本课题研究的历史现状,前人做过哪些研究,取得哪些成果,有哪些问题还没有解决。

3) 自己有什么新的想法,提出并解决了哪些问题。

(2) 毕业论文使用的研究方法

1) 如何设计实验。

2) 如何获取数据并进行处理。

(3) 毕业论文所取得的主要结果及结果的分析讨论

1) 说明和解决了哪些问题。

2) 所研究成果的创新点何在。

3) 所研究成果有何理论或应用价值。

(4) 结论

1) 简要说明论文主要做了哪些工作,取得了哪些结果。

2) 重点归纳总结，这些结果表明在论文设定的条件下，有何趋势，有何规律，有何意义以及有何问题。

另外，学位论文答辩报告还需准备好相应的图和表格，有时还需准备其他辅助表达方式，如毕业论文自述过程需要的多媒体课件（PPT）、照片、挂图、样品以及当场演示的实验等。

一个好的学位论文答辩报告要求总字数不能太多，报告需清晰简洁；连续层次不能太多，一般不超过三个，文字最好写成标题或提纲的格式。

以硕士答辩论文为例，一个好的答辩报告能够反映研究生论文的真实性，体现研究生所掌握的相关知识和应用能力，同时也表现了研究生的综合素质。好的答辩报告 PPT 制作注意事项如下：

1) 切忌直接把论文原稿（Word 文档）直接贴在 PPT 上。因为与其这样，还不如直接演示 Word 文档。

2) PPT 背景和文字及图表的颜色反差一定要足够大。一般用两种（最多三种）颜色即可，参考色彩搭配，灵活运用对比色，但是切忌把整个画面搞得眼花缭乱。

3) PPT 内容的含义是"关键点"。因此，不要把界面搞得满满的，一般一页最多一张图，或一张表，或 7~8 行文字；图表、文字都要醒目；重点地方用醒目文字或颜色标注。

4) PPT 的动画不求多，只求需要。不要每一页、每幅图、每段文字都搞成动画。

一个好的学位论文答辩报告能够在规定的时间内将学位论文的主要内容重点突出、条理清晰、层次分明地表达出来，同时也要做好回答问题的准备。下面以学术论文答辩报告为例进行简单示范。

首先选定符合论文风格的 PPT 模板或是自己设计 PPT 的模板（示例为自行设计的模板，包括学校的名称和图标）。论文答辩报告的首页包括论文的题目、答辩人姓名、指导老师姓名等信息。因为论文的题目是报告首页的主要信息，所以论文题目字体的大小和式样不同于其他信息，需要大而醒目，如图 8-1 所示。

图 8-1　首页

承接学位论文答辩报告首页的是目录页，目录页以提纲的形式言简意赅地显示论文的主要研究内容，如图 8-2 所示。图中阿拉伯数字 1、2、3、4、5 的应用更加凸显论文主要研究内容的逻辑性和条理性，较之单纯用文字更加醒目直观地表达论文研究内容的层次。

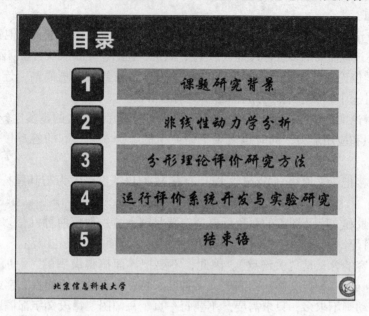

图 8-2　目录页

目录页后面为主要研究内容页，如图 8-3～图 8-7 所示。在主要研究内容页为更好地表达论文的研究内容，可以有范围地使用图、表和框图等。

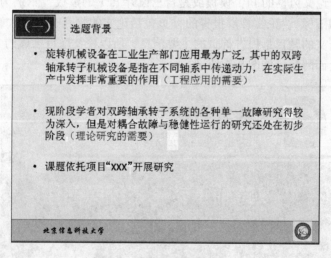

图 8-3　主要研究内容（一）

在论文答辩报告中表格和图表必不可少，简单内容使用表格即可，但太庞大复杂的表格贴在报告中会让人无法适从，需要将它们转化为更直观的图表。转化时需要注意，如果一张图表无法包含所有的内容，可以提出其中无关紧要的部分，也可以分解成数张图表来说明这张表格的不同侧重点。图表往往在一张报告中占据最主要的位置，图表的位置不要靠边，包括侧边和底边。除了标题，往往不需要再添加太多的文字，有时文字只是用来填补图表无法表达的空白，以使版面均匀稳定。一般图表的大小应控制在界面的 1/5～1/2 范围内。

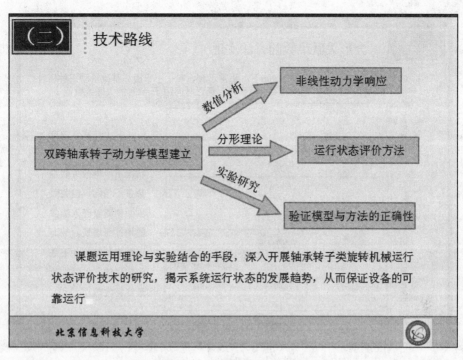

图 8-4　主要研究内容（二）

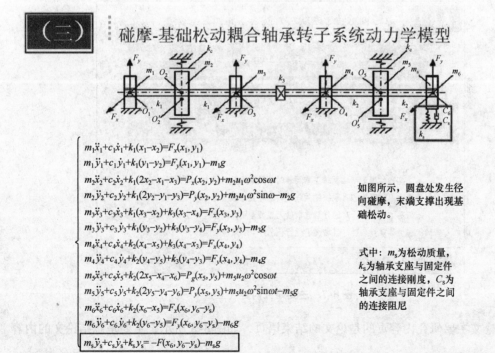

图 8-5　主要研究内容（三）

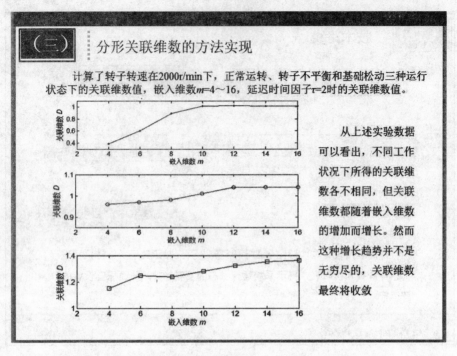

图 8-6 主要研究内容（四）

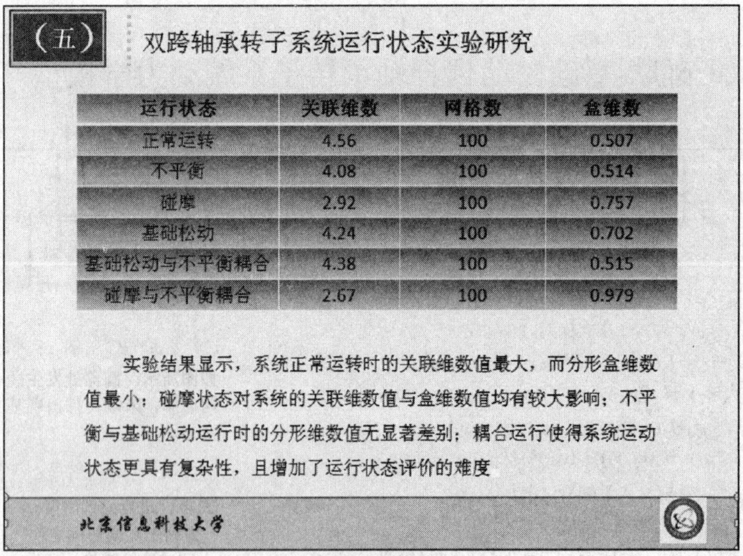

图 8-7 主要研究内容（五）

承接论文主要研究内容页的是论文的结束语页，如图 8-8 所示，主要是总结论文的内容和创新点。

学位论文报告的最后一页一般为论文的致谢页，如图 8-9 所示。致谢页主要表达论文研究工作得到导师和各位老师、同学、朋友，以及学院和有关单位的热忱指点和帮助，作者对此深表感谢。PPT 上列出需要感谢的人和单位。

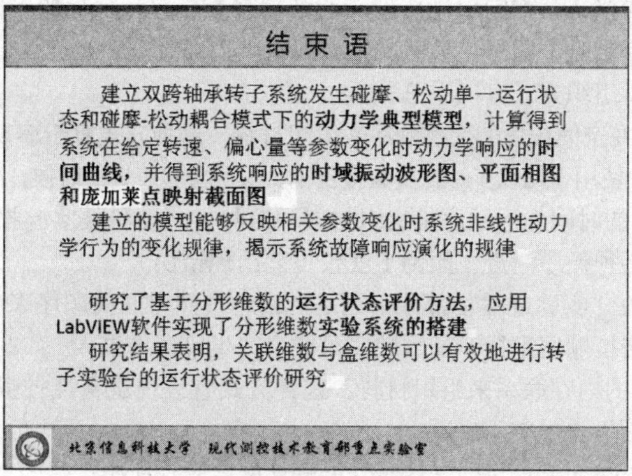

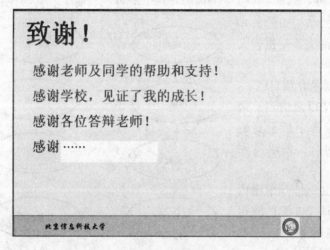

图 8-8　论文的结束语

图 8-9　致谢页

8.2　科技报告

科技报告是学术交流的一种重要形式，能够使得科学信息、思想及观点得到有效的沟通和交流，同时在科研过程中对新思想起到重要的激励和启迪作用。科技报告最终落脚点在于新的学术思想和学术创新上，科技报告是"原始性创新源头之一"，也是学术创新的条件和动力之一，还是提升科研团体研究能力的重要措施之一。

科技报告作为科学技术报告的简称，是科技工作者围绕某一科学技术专题进行研究的正式科研成果报告，或者是对某项课题研究进展情况的实际记录，严格地说，也属于科技应用文范畴，它具有很高的资料价值和一定程度的学术研究价值。

科技报告的常见类型有：专题研究报告、科技成果总结报告、科学实验（试验）报告与科技试验报告、科学调查（考察）报告、技术革新报告以及科技建议报告等。

科技报告的结构格式基本同于科技论文的结构格式，包括：标题、作者及单位、摘要、目录、引言、正文、结论、谢辞、参考文献、附录十大部分。

科技报告按材料组织方式有以下三种：

1) 以报告对象在空间位置的变换顺序来组织材料，这种方式宜于表现并列的事物，特别是在科技考察报告中使用得比较多。在实验报告中，说明实验装置的时候，必须采用这种方法。

2) 以报告对象的时间先后顺序来组织材料，这种方式在科技实验报告中常见。因为实验的每一个步骤都必须循序渐进，颠倒了就很可能出现错误。

在科技报告中的"实验过程"部分，也是严格地按照时间的顺序来叙述的。有些实验，每一个步骤都要严格按顺序进行，颠倒顺序可能会产生错误结果。

3) 以学科本身的内在联系来组织材料，这种方式宜表现逻辑性较强的内容，它在科技研究报告和科技总结报告中应用广泛。

科技报告的核心是交流，目的是使听众能理解并接受你所想表达的思想和观点。做一次报告就好比一场演出，要认真准备；尊重听众，让听众有所收获；不要加一些填料去浪费时间，应做到每一张 PPT 都有一个独立的内容；PPT 应直观、明了、赏心悦目，但不要奢华。

科技报告的主要结构如图 8-10 所示，内容与学位论文答辩报告大致相同。

1) 开场白主要是介绍自己。

2) 标题主要是以最恰当、最简洁的词语反映报告中最重要的特定内容的逻辑组合，要求简明精练、具体确切。

3) 研究背景主要是介绍国内外研究的现状（15～20 年）取得了哪些成果，存在的不足或需要改进之处，引出自己的研究。

4) 选题依据主要是阐明和现有技术、方法对比，指出自己研究的优势，提出问题、开门见山，

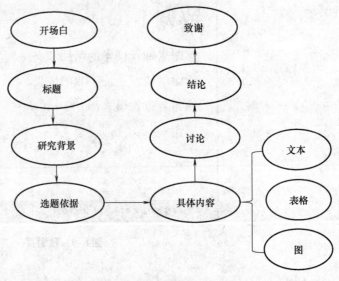

图 8-10 科技报告的主要结构

交代背景、提供依据、阐明意义、突出价值、点题收口、简明扼要。

5) 具体内容主要表达实验材料、实验过程、结果和讨论以及结论。

在具体内容中，图、表和文本广泛应用，图表的使用原则是文不如表，即别写那么多字，能用图表的坚决不用文字；表不如图，图表依赖于对内容的理解，若是理解了，就可以找出对比，有对比就有图表的存在可能。

表格能够精确、鲜明地表达数据，有助于分析对比；制表通则是项目完整、突出重点、表文对应、线条简洁、排列规则、符号规范、注释明确、一个表格一个中心内容。图，一张图胜于千言万语，直观、形象和生动；谈数字、论统计，最高明的方法是化抽象为具象，将数字制成图表；目的明确、简明易懂、准确美观，说明图表的意义要简单明了。

6) 讨论是概括结果，并予以解释和分析；分析、推理或说明意外的发现；与自己和他

人的结果进行比较和分析,并提出个人见解;引用他人的结果支持或论证自己的观点或结论;实事求是地指出缺点及其引起的可能原因;对存在的问题提出设想。

7) 结论,文字不多,简明扼要,层次清晰,观点明确。结论应实事求是,过窄而浅,有失报告的丰富性;过高而深,有失报告的真实性。讨论的材料只能作为支持结论的旁证,不能作为结论的直接根据。

8) 致谢。对听会者表示感谢,感谢倾听,并希望提出宝贵意见!

图 8-11 ~ 图 8-17 所示为用于会议交流的科技报告。

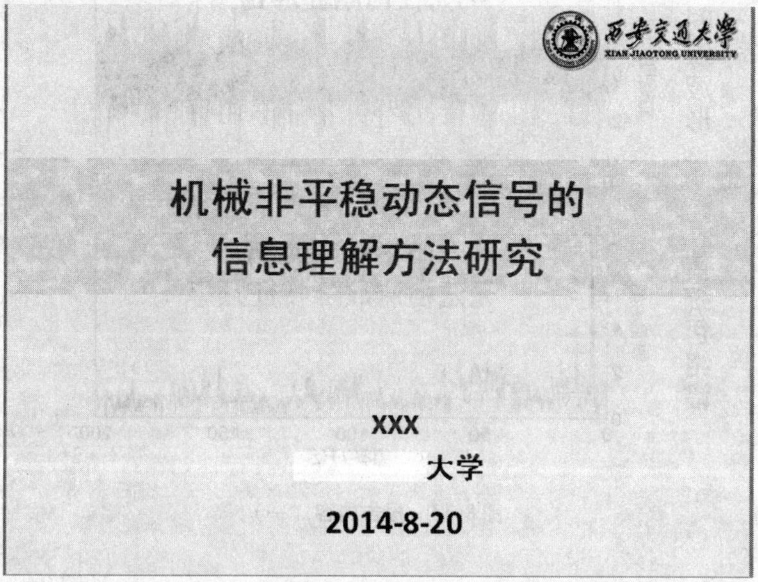

图 8-11　报告首页

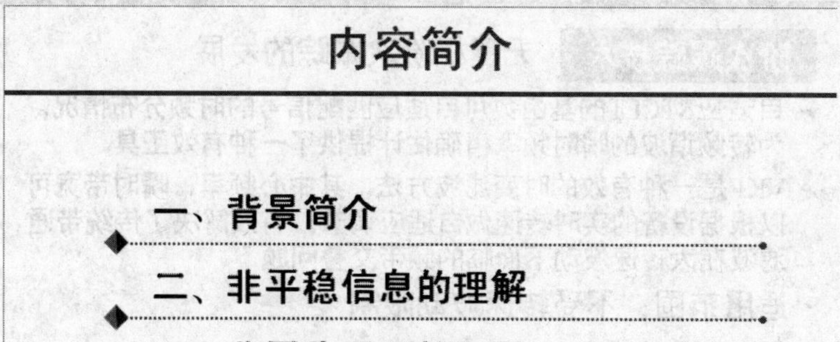

图 8-12　报告内容简介页

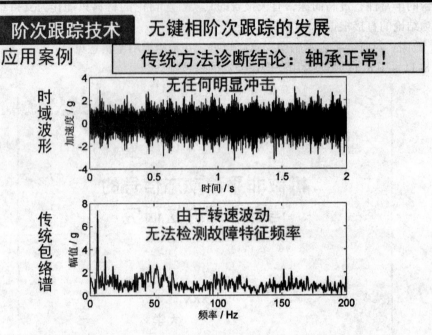

图 8-13 报告内容（一）

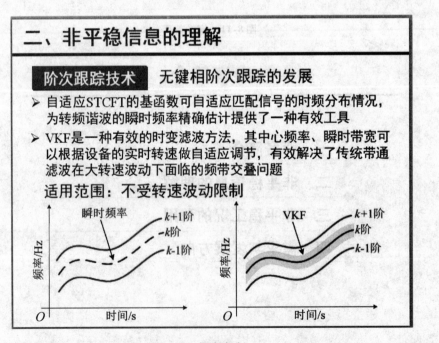

图 8-14 报告内容（二）

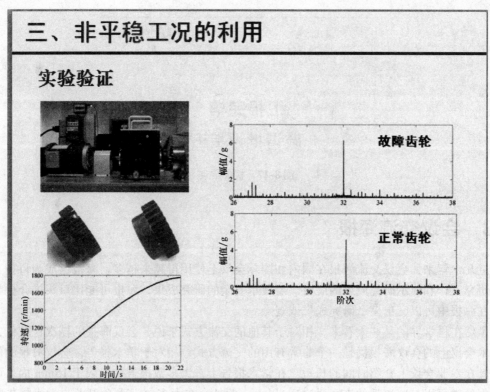

图 8-15 报告内容（三）

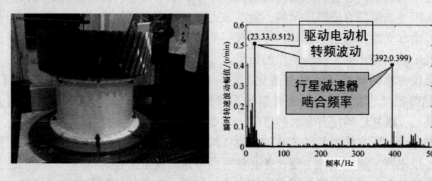

图 8-16 报告内容（四）

汇报完毕
敬请批评指正

图 8-17 报告结束

8.3 会议交流海报

近几十年来，会议交流海报在国内和国际会议上使用得越来越多。海报已成为科技人员陈述研究工作和演示研究成果的展台。要展示复杂的研究成果，海报可能比口头推介更为合适，在海报中可以突出多个研究成果或观点。

虽然在科学界的某些人看来，相对于其他的交流方式来说，会议海报的档次比较低，但在学术会议上的会议海报仍是一个非常有用的交流方式。相对于学术报告，会议海报的优点包括其在专业会议上介绍时间的长短。在学术报告上，大多数报告一般限于15min内，而会议海报通常可以与感兴趣的来宾讨论2h以上。此外，在大多数学术会议上，学术报告常预定在不同的小房间同时进行，这使得听众数量非常有限，而会议交流常常在大房间举行，可以容纳数百名参观者。因此，通过制作会议海报，可向更多人展示你的研究工作。

有人会以为准备会议海报相对于学术报告来说需要较少的工作，其实二者都需要提前准备并自始而终的努力。当开始准备会议海报时，必须考虑两个要素：内容和布局。所以，准备会议海报就必须尽早开始！

有时会因为过于担心会议海报的外表而忽略了其中心内容，请记住会议海报只是科研工作的形象展示。如果没有值得展示的，就不该去做会议海报。如果已经毫无疑问地获得了指导老师的鼓励和支持，那这个时候，肯定有一些新的有意思的成果来展示，因此需关注的焦点是确保展示的信息正确，反映工作的质量。

虽然会议海报的规模可能略有变化，但一般会议海报所用的尺寸往往是高1.2m、长1.8m。既然海报尺寸有变化，一定要事先弄清楚海报的尺寸，因为这将决定海报上信息量的多少。最后，既然已确定有多大的空间，就要做到用得其所！

展览的标题，所有作者的姓名及其所属机构应当写在海报最上一行正中。为了让有兴趣的参观者可以迅速了解海报的主题，务必使所用字体的高至少有3.8cm。

大多数理工类会议海报都使用相同的格式：标题、作者及其所属机构、摘要、引言、方法、结果、结论、致谢、参考资料。下面将简要的讨论上述每一项内容：

标题——标题要切实突出研究主题，字数不要太多。

作者及其所属机构——列出所有曾为这项研究工作做出贡献的人的姓名，而且一定要和你的指导老师商量此事。作者的身份严重关系到知识产权方面的问题，因此每个作者要确保自己所在的部门或单位的明确性。

摘要——这要高度概括，通常少于150字。用来确定研究的问题，使用方法，取得的成果，以及这些成果的意义。

引言——这部分应对此项目立项的原因和科研材料及方法的使用做简要的概述。

方法——此部分要对实验方法做简洁的概述。

结果——这一部分应概述科研成果。因为成果展览是成果的形象展示，所以这个板块要绘图而不是照抄原文。

结论——这一部分应提供工作所得的概括性结论，并可说明今后工作方向。

致谢——这一部分应感谢协助完成研究工作的全部机构。尤其需注明科研项目的资助资金来源。这是很重要的，特别是基金资助，要在后面做特别说明。

参考资料——因为科研不是凭空完成的，需要在海报的一个或多个部分注明其他人的相关工作。作为一个技术性文件，将需要注明每一个引文的出处。由于参考书目的格式因学科的不同而不同，一定要和指导老师商量首选的引用格式。

关于海报的布局，现在至少有两种常用的海报版面设计方法：大海报和组合型海报。

1）关于使用大海报的一些考虑：一些人使用单一大型海报打印而其他人则组合张贴A4纸大小的版面。前者必须使用特殊印表机印制，但单位里不一定会配置。这类海报可在当地印刷商店打印，但往往价格昂贵。此外，这些在运输上有些困难，可以购买塑料管保护、存储和运输海报。

2）关于使用组合型海报的一些想法：版面可随时用任何个人的彩色喷墨打印机或者激光打印机打印，因此用它来准备便宜一些。此外，还有一个优点：个别部分可以在最后1min改变并重印。此外，这类海报可通过背包或公文包来携带。而其缺点是这类海报在会议上张贴需要花些精力。所以，如果选择这类海报，一定要留足够时间来准备。

要合理布局海报，使观众能较容易地听懂介绍。值得注意的是成果展览会有一个标准模式。要考虑一下成果展览会的进行程序，这类会议常常发生在深夜并且伴随欢乐的酒会，观众常拿起塑料杯慢慢地一排排地边走边看。因此，这是最好的安排，可以让观众从左到右地阅读海报资料栏目，也可以选择其他方式，但这容易打断或者干扰观众看海报时的思路。

要保证海报有吸引力并且在1m外可以看清楚——这包括所有字、标题和表格应选择一个较大的字体。

海报是工作形象的介绍，"一张图片可以代替一千个字"，因为图形比文字更形象，另外再配以少量的、短的容易读懂的句子即可。

让它简单易懂！不要在海报上使用首字母缩写，不要添加过多的文章或者复杂的数字。

如果选择在彩色的纸或者海报板上写文章，使用双面胶、胶水或者其他黏合剂让纸牢牢粘住。

海报可以使用多种图片和表格，且内容应该具有自明性，可以让不同层次的观众读懂。会议交流用的海报，其格式有些会议会直接给出海报的模板，制作会议报告和海报时，应注意以下几点：

1）海报的题目要简短，最好还能激发观众的兴趣。太长的题目放在海报上不合适。题目要能让观众在3m远的地方看清楚；题目应该选用粗体黑色字体，字号至少是1in（约25mm）那么高。作者名字以稍小的字体放在题目下面。海报正文的字体应该足够大，以方便观众阅读。正文中尽量少用大段的文字；如果可能，多用粗体圆点或编号来标注正文内容。

2）海报中的引言部分要言简意赅地指出所研究的问题，好的海报一开始就要指出研究目的。海报中的方法部分要简短，用一两句话来描述清楚所使用的研究方法。海报一定要突出重点，这样路过海报的人很容易判断自己是否对该海报感兴趣。

3）科技论文中结果部分的篇幅是最短的，但在优秀的海报里，最长的部分就是结果部分。事实上，海报的大部分篇幅都用于展示研究成果。海报的讨论部分也很简短；有些海报甚至不用"Discussion"这个标题，而只是在"Conclusions"标题下用粗体圆点来标注简短的话语作为结论。海报中要尽量少引用文献。

4）观众喜欢的是设计简洁并配有合适插图的海报，没人愿意看版面拥挤、废话连篇的海报。在海报上务必留出一定的空白。版面过分拥挤的海报只会令人望而生畏。排版时尽量做到海报内容一目了然。视觉手段能让海报产生效果。

以一篇用于国际会议学术交流的海报（图8-18）为例，海报包括题目、作者、作者通信信息以及海报的主体，即论文的研究目标、研究方法和结论等，海报通过各种制作效果，达到层次分明、重点突出地表现论文的目的。

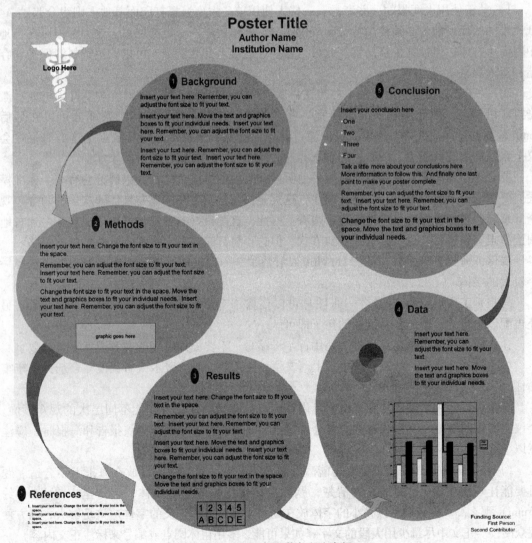

图8-18　国际会议学术交流海报

思考题

1. 学位论文答辩报告一般包括哪些内容?
2. 学位论文答辩报告 PPT 制作有哪些注意事项?
3. 科技报告一般包括哪些内容?
4. 制作会议交流海报 PPT 有哪些注意事项?

附　录

附录 A　论文模板格式

大标题（用二号黑体字）（不超过 20 个字）

中文姓名（用三号楷体）

（北京信息科技大学××××院，北京 100192）（六号字）

摘　　要：摘要的基本要素包括研究的目的、方法、结果和结论，应具有独立性和自明性，并拥有与文献同等量的主要信息。一般 200 字左右。

关　键　词：(3~5) 个关键词 1；关键词 2；关键词 3；关键词 4；关键词 5
中国分类号：（请自行查找）　　　　　　**文献标识码**：A

英文标题（用四号黑体）（首字母大写，其余小写）

作者英文名（用五号白体）

（用六号白体）Beijing Information Science & Technology University，Beijing 100192，China

Abstract：（五号白体）

Keywords：（五号白体）；keyword1；keyword2；keyword3；keyword4；keyword5

○ 收稿日期：2017-09-17
基金项目：北京市××××××××（××××××××××××××××××）；国家自然科学基金（××××××××××××××）．
作者简介：姓名（出生年），性别（民族），籍贯（详细到市或县），职称（学生写硕士或博士生等），主要从事×××方面的研究。

0 引言（四号黑体）

引言部分内容。注意：引言部分一般不编排节号，文章开头的段落即为引言。引言应说明课题的背景，引述该领域的国内外同行已经取得的成果，以说明本文的选题意义和创新点所在，且引言部分不能出现公式和图表等。引用参考文献请按顺序标引。

正文（五号白体）

1. 一级标题（四号黑体）

正文部分请采用双栏排版，每行为 22 个字。

1.1 二级标题（五号黑体）

公式为全文统一编号，如公式为

$$u(t) = \sum_{i=1}^{r} h_i(z(t)) F_i(t)$$

注意：文中的向量、矢量、张量、矩阵请用黑斜体表示，其他变量用白斜体表示；下标字母如为英文缩写则用白正体表示，如为变量则用白斜体表示。量符号的上标如不是幂指数或迭代次数，最好放于下标。

缩写词第一次出现时要给出全称。

1.2 二级标题

1.2.1 三级标题（五号楷体）

正文最多有三级标题，下面的层次请用 1)、2)、3) 和①、②、③标识。

1.2.2 三级标题（五号楷体）

2. 一级标题（四号黑体）

正文内容先见文，后见图，且图有自明性，即图中的线形、符号等请在图上标注，不要在文中加以说明。全文统一按顺序编图号，图内文字请用中文，如附图 A-1 所示。

图的一般尺寸：
半栏：宽不超过 77mm
通栏：宽不超过 160mm
图的线粗：4 磅
图的字号为 7.5 磅

附图 A-1　图的题目（六号白体）

表格要用三线表，表头中尽量使用量符号/量单位，表内文字请用中文，见附表 A-1。

附表 A-1　表的题目（六号黑体）
(请用三线表)

x/cm	I/mA	v/(m/s)	h/m	p/MPa
10	30	2.5	4	110
12	34	3.0	5	111

3. 一级标题（四号黑体）

节内容节内容节内容节内容节内容节内容节内容节内容节内容节内容节内容节内容节内容。

4. 结束语（四号黑体）

结束语应该以正文中的实验或考察得到的现象、数据的阐述分析为依据，完整、准确、简洁地指出以下内容：

1）由对研究对象进行考察或实验得到的结果所揭示的原理及其普遍性。
2）研究中有无发现例外或本论文尚难以解释和解决的问题。
3）与先前已发表过的（包括他人和作者自己）研究工作的异同。
4）本论文在理论上和实用上的意义及价值。
5）进一步深入研究本课题的建议。

参考文献（四号黑体）

[1] 赵颖力, 曹敏, 王琳, 等.《化工学报》编辑部的人才建设［C］//中国科学技术期刊编辑学会. 第3届中国科技期刊青年编辑学术研讨会论文集. 北京：中国科学技术期刊编辑学会青年工作委员会, 2003：86-88.

[2] 高鲁山, 郑进保, 陈浩元, 等. 论科技期刊的参考文献［J］. 编辑学报, 1992, 4(3)：166-170.

[3] 谭丙煜. 怎样撰写科学论文［M］. 沈阳：辽宁人民出版社, 1982.

[4] 王录山. 载货自卸车车架有限元分析及结构优化［D］. 北京：北京信息科技大学, 2009.

[5] 中国力学学会. 第3届全国实验流体力学学术会议论文集［C］. 天津：[出版者不详], 1990.

[6] 钟文发. 非线性规划在可燃毒物配置中的应用［C］//赵玮. 运筹学的理论与应用：中国运筹学会第五届大会论文集. 西安：西安电子科技大学出版社, 1996：468-471.

[7] World Health Organization. Factors Regulating the Immune Response：Report of WHO Scientific Group［R］. Geneva：WHO, 1970.

[8] 全国信息与文献工作标准化技术委员会出版物格式分委员会. 图书书名页：GB/T 12450—2001［S］. 北京：中国标准出版社, 2002.

[9] 姜锡洲. 一种温热外敷药制备方案：88105607.3［P］. 1989-07-26.

[10] 刘江涛, 刘中霞, 李磊. 轻轻松松练五笔［M/CD］. 北京：声比尔科贸有限公司, 1999.

[11] 萧钰. 出版业信息化迈入快车道［EB/OL］.（2001-12-19）[2002-04-15]. http：//www.creader.com/news/200112190019.htm.

文献类型标志代码见附表 A-2、附表 A-3。

附表 A-2 文献类型标志代码

文 献 类 型	标 志 代 码
普通图书	M
会议录	C
汇编	G
报纸	N
期刊	J
学位论文	D
报告	R
标准	S
专利	P
数据库	DB
计算机程序	CP
电子公告	EB

附表 A-3 电子文献载体和标志代码

载 体 类 型	标 志 代 码
磁带（magnetic tape）	MT
磁盘（disk）	DK
光盘（CD-ROM）	CD
联机网络	OL

附录 B 大学生科技创新计划项目申请书、结题材料清单、结题报告

附录 B.1 大学生科技创新计划项目申请书

项目编号：[ ]

×××××大学

大学生科技创新计划

项 目 申 请 书

项 目 名 称：_____

项 目 类 别：____ □理工类 □文科（社科、管理）类

项目所属学院：_____

项目指导教师：_____

项 目 负 责 人：_____

联 系 电 话：_____

申 报 日 期：_____ 年____月____日

申请书填写说明

1. 该项目仅针对我校本科学生设立，每个项目人数一般不超过5人，原则上不支持个人项目。
2. 项目必须配备指导教师，指导教师原则上应具有副高级以上职称或具有博士学位的在职员工。
3. 该项目时间：一年，原则上在资助年度内完成结题验收。
4. 项目经费支出预算要求详细准确。
5. 表格内容（除签名外）必须电子版双面打印，一式两份。
6. 本表封面的编号不填，由学校统一编号。

项目名称					
项目类别	□理工类　　□文科（社科、管理）类　　（■表示选择项目）				
负责人	姓名	学号	专业班级	所在学院	联系电话
项目成员					
指 导 教 师 (原则上应为具有副高级以上职称或具有博士学位的在职员工)	姓名	专业	职称	所在单位	联系电话
项目的意义、主要内容、基本思路与技术路线、可行性分析等	1. 项目研究意义（1 000字） 2. 研究内容（主要内容，1 000字） 3. 基本思路与技术路线（建议流程图表示技术路线） 4. 可行性分析（500字）				
创新点与项目特色	创新点：（至少一个） 特色：				
已有基础	1. 与本项目有关的研究积累和已取得的成绩（指前期的研究、设计方案、方法的准备、图样、方案或者论文等） 2. 已具备的条件、尚缺少的条件及解决方法（指研究、实验的条件、实验仪器、实验设备等）				

(续)

计划进度及安排	（按照一年的时间，以月为单位，写明研究或者工作任务，预期的成果）
预期成果及成果形式	预期的成果： （发表论文 实物、图样、程序 参加学科竞赛名称以及获奖级别 申请专利类型）
经费预算	本项目申请资助经费　　　元，具体经费预算项目如下： ① 差旅费：（不含市内交通费，且不超过项目总经费的20%） ② 测试加工费： ③ 材料费：（在项目实施过程中，项目开发、试验所需的原材料、辅助材料、低值易耗品、零配件的购置费用，不能用于购置办公用品） ④ 图书资料费： ⑤ 论文出版费： ⑥ 专家咨询费：
指导教师推荐意见	 指导教师签字： 年　月　日
审核意见	学院"大学生科技创新计划"工作小组意见： 组长签字： （盖章） 年　月　日 学校"大学生科技创新计划"领导小组意见： 组长签字： （盖章） 年　月　日

附录 B.2　大学生科技创新计划项目结题材料清单

大学生科技创新计划项目结题材料清单

项目结题需提交以下材料纸质版和电子版：

（1）项目结题报告
（2）项目研究报告（如有需提供）
（3）经费报销登记表
（4）结题验收检查结果汇总表
（5）支撑材料
① 学术论文。
② 发表的论文及刊物目录或录用通知书（如预算中有论文出版费，此项需提供）。
③ 加工合同或加工技术指标（如预算中有加工费，此项需提供）。
④ 测试化验报告（如预算中有测试化验费，此项需提供）。
⑤ 调研报告（如预算中有差旅费，此项需提供）。
⑥ 实物作品、作品介绍和主要技术参数（如预算中有材料费或测试化验加工费，此项需提供）。
⑦ 项目装配图/软件使用说明书等（理工科项目提供）。
⑧ 其他相关的支撑材料。

附录 B.3   大学生科技创新计划项目结题报告

×××××大学

大学生科技创新计划项目结题报告

项目名称：_____

项目级别：_____ □国家级   □市级   □校级

项目负责人：_____

专业班级：_____

指导教师：_____

项目所属学院：_____

项目起止时间：_____年_____月至_____年_____月

填写日期：_____年_____月_____日

1. 项目基本情况

项目研究的内容、目标、要解决的问题和主要特色
1）项目的研究内容（1000 字）
2）目标（500 字）
3）解决的问题（2000 字）
4）主要特色（500 字）

2. 项目成员

姓名	专业班级	学号	性别	项目具体工作

3. 项目完成情况

指标类型	计划研究成果	实际完成情况
项目的具体成果		
成果的应用情况及效果		

4. 项目最终成果简介

项目名称
项目负责人、指导教师
项目组成员
项目背景
解决问题的方法、技术和方案
最终的成果
方案、装配图，或者程序流程图、界面，或者实际测试的结果
达到的效果、功能
创新点
论文名称
专利名称
实物的照片

5. 项目经费使用情况

学校批准经费： 元				
经费名目	预算金额/元	支出金额/元	差额/元	差额原因
材料费				
测试化验加工费				
差旅费				
图书资料费				
论文出版费				
专家咨询费				
合计				

经费结余　　　元

6. 指导教师考核意见

指导教师（签字）

年　　月　　日

7. 学院验收意见

评 审 指 标	优	合格	不合格
（1）项目完成情况			
（2）项目对学生的研究能力与创新能力培养			
（3）项目实施的自主性和团队协作性			
（4）项目经费使用情况			
（5）项目答辩情况			
（6）项目成果的应用价值及特色			
（7）项目实施支撑材料情况			
（8）项目总体评价			

验收评语：

                          学院工作小组组长（签字）：
                          学院盖章：

                                    年   月   日

附录 C　本科毕业设计任务书

毕业设计（论文）任务书

学院：　　　　　　专业：　　　　　　班级：

学生情况		指导教师情况			题目类型	
姓名	学号	姓名	职 称	单 位	理工专业	文、管、经专业
					理论研究　□	理论研究　□
					科研开发　□	应用研究　□
					工程设计　□	调查研究　□
题目				是否实物型毕业设计	是□　　否□	

主要内容以及目标	（毕业设计应完成的主要内容，设计任务达到的目标）
成果形式	（毕业设计完成的具体工作量，成果形式，验收方式）
基本要求	（对完成设计任务方面的具体要求；对理工专业应提出设计技术参数、数据及来源、调试所用仪器设备等）
实习调研要求	（对部分有实习环节的专业，提出实习或调研的具体要求，包括调研提纲、实习时间、地点和具体内容要求；对文、管、经专业提出对论文论点有关论据、数据和素材的搜集要求）

（续）

主要 参考文献	（指导教师提供有关参考资料、工具书、期刊、论文等）
主要仪器 设备或 开发环境	（根据毕业设计题目情况需要，各学院统一填写要求）

毕业设计（论文） 开始日期		毕业设计（论文） 完成日期	

毕业设计（论文）进度计划（起止时间、工作内容）

［指导教师对毕业设计（论文）的进度计划提出要求，至少详细到前期、中期和答辩阶段］

指导教师（签字）：　　　　　　　　　　　　　　　　年　月　日
督导教师（签字）：　　　　　　　　　　　　　　　　年　月　日

学院毕业设计（论文）领导小组审查意见：

　　　　　　　　　　　　　　　　　　　　组长（签字）：　　　年　月　日

附录 D 本科毕业设计论文规范

附录 D.1 本科毕业设计论文开题报告撰写参考格式

□□□□□□□□□□□□□（题目三号、宋体、居中）

开题报告（楷体、一号、加粗、居中）

班级（学号）　　　　姓名
指导教师　　□□□（宋体、小四、加粗、居中）

1. 综述（宋体、小四号、加粗）
（本课题研究的意义、研究的现状及已有成果）
□□
（正文，宋体、五号）

2. 研究内容（宋体、小四号、加粗）
（研究方向、研究内容、系统功能）
□□

3. 实现方法及预期目标（宋体、小四号、加粗）
（包括实施的初步方案、重点、难点及环境）
□□

4. 论文结构（宋体、小四号、加粗）（此项适用于文、管、经专业）
□□

5. 对进度的具体安排（宋体、小四号、加粗）
□□

6. 参考文献（宋体、小四号、加粗）

指导教师：（签署意见并签字）　　　　　　　　　　　年　月　日
督导教师：（签署意见并签字）　　　　　　　　　　　年　月　日
领导小组审查意见：

　　　　　　　　　　　　　　　审查人签字：　　　　年　月　日

附录 D.2　本科毕业设计论文撰写参考格式

××××× 大学

（楷体、一号、居中）

毕业设计（论文）

（楷体、初号、加粗、居中）

题　　目：_____

学　　院：_____

专　　业：_____

学生姓名：_____ 班级/学号：_____

指导老师/督导老师：_____

起止时间：____年 月 日至____年 月 日

（以上宋体、四号、居中）

摘　要

（宋体、三号、加粗、居中）

　　□□。（宋体、五号）

　　关键词：（3~5个词）□□□□□□；□□□□□□；□□□□□□；□□□□□□；□□□□□□。

［注："关键词："（宋体、五号、加粗）；□□□□□（宋体、五号）］

Abstract

(Times New Roman、16磅、加粗、居中)

(Times New Roman、12磅)

□□□。

Keywords：(3~5words) □□□□□□；□□□□□□；□□□□□□；□□□□□□；□□□□□□.

[注："**Keywords:**"（12磅加粗）； □□□□□（12磅）]

目　录

（宋体、三号、加粗、居中）

摘要(中文) ·· Ⅰ
　　（英文） ·· Ⅱ
第 1 章　□□□□□□□□□□□□□□□　··
　　1.1　□□□□□□□□□□□□□□　··
　　1.2　□□□□□□□□□□□□□□　··

第 2 章　□□□□□□□□□□□□□□□　··
　　2.1　□□□□□□□□□□□□□□　··
　　2.2　□□□□□□□□□□□□□□　··

⋮

第 X 章　□□□□□□□□□□□□□□□　··
结束语　··
参考文献　··

注：1. 摘要、章、结束语、参考文献（宋体、小四、加粗、居左）。
　　2. 节（宋体、五号）。
　　3. 中文摘要、英文摘要、目录的页码编排依次用"Ⅰ、Ⅱ、Ⅲ……"罗马数字（宋体、小五号、居中、底部）。

第 1 章　概述（宋体、三号、加粗、居中）

　　□□（宋体、五号）

1.1　□□□□□□□□□□□□□（宋体、小四、加粗）

　　□□□（宋体、五号）

1.2　□□□□□□□□□□□（宋体、小四、加粗）

1.2.1　□□□□□□□□□（宋体、五号、加粗）

　　□□（宋体、五号）

1.2.2　□□□□□□□□□（宋体、五号、加粗）

　　□□（宋体、五号）

（行距：最小值，18 磅）

注：论文正文的页码编排依次用"1、2、3……"数字（宋体、小五号、居中、底部）。

参 考 文 献

[1] ROBERT A DAY, BARBARA GASTEL. 科技论文写作与发表教程 [M]. 6版. 曾剑芬译. 北京：电子工业出版社, 2010.
[2] 马奇, 麦克伊沃. 怎样做文献综述：六步走向成功 [M]. 陈静, 肖思汉, 译. 上海：上海教育出版社, 2011.
[3] 张孙玮, 吕伯昇, 张迅. 科技论文写作入门 [M]. 4版. 北京：化学工业出版社, 2011.
[4] 刘振海, 刘永新, 陈忠财, 等. 中英文科技论文写作教程 [M]. 北京：高等教育出版社, 2007.
[5] 蔡清田. 论文写作的通关密码 [M]. 上海：华东师范大学出版社, 2012.
[6] 郑福裕, 徐威. 英文科技论文写作与编辑指南 [M]. 北京：清华大学出版社, 2008.
[7] 孙乐民, 张海新. 科技论文写作与投稿 [M]. 长沙：国防科技大学出版社, 2002.
[8] 文庭孝, 侯经川, 汪全莉, 等. 论信息概念的演变及其对信息科学发展的影响：从本体论到信息论再到博弈论 [J]. 情报理论与实践, 2009, 32 (3): 10-15.
[9] 侯延香, 王霞. 信息采集 [M]. 北京：知识产权出版社, 2012.
[10] 蔡莉静. 图书馆利用基础 [M]. 北京：海洋出版社, 2013.
[11] 曹均. 网络环境下高校图书馆信息资源采访 [M]. 成都：电子科技大学出版社, 2008.
[12] 潘杏仙. 科技文献检索入门与提高 [M]. 芜湖：安徽师范大学出版社, 2013.
[13] 刘绿茵. 电子信息检索与利用 [M]. 北京：机械工业出版社, 2007.
[14] 王梦丽, 等. 信息检索与网络应用 [M]. 北京：北京航空航天大学出版社, 2001.
[15] 潘家祯. 科技文献检索手册 [M]. 北京：化学工业出版社, 2001.
[16] 肖珑. 数字信息资源的检索与利用 [M]. 北京：北京大学出版社, 2003.
[17] CALIS. 中国高等教育文献保障系统主页 [EB/OL]. [2015-03-19]. http://www.calis.edu.cn.
[18] NSTL. 国家科技图书文献中心主页 [EB/OL]. [2015-03-19]. http://www.nstl.gov.cn.
[19] CASHL. 中国高校人文社会科学文献中心主页 [EB/OL]. [2015-03-19]. http://www.cashl.edu.cn/portal.
[20] BALIS. 北京地区高校图书馆文献资源保障体系主页 [EB/OL]. [2015-03-19]. http://balis.ruc.edu.cn.
[21] BALIS. 馆际互借中心主页 [EB/OL]. [2015-03-19]. http://202.112.118.41/.
[22] BALIS. 原文传递中心服务平台主页 [EB/OL]. [2015-03-19]. http://202.112.118.46/ywcdwz/index.html.
[23] 肖珑, 等. 数字信息资源的检索与利用 [M]. 2版. 北京：北京大学出版社, 2013.
[24] 王红军, 汪亮. 基于多域空间状态特征的高端装备运行可靠性评价 [J]. 仪器仪表学报, 2016, 37 (4): 804-810.
[25] 赵川, 王红军, 张怀存, 等. 高速电主轴运行状态下模态识别及高速效应分析 [J]. 机械科学与技术. 2016, 35 (6): 846-852.
[26] 王红军, 徐小力, 万鹏. 基于轴心轨迹流形拓扑空间的转子系统故障诊断 [J]. 机械工程学报, 2014, 50 (5): 95-101.
[27] 王红军, 郑军, 赵川. 精密高速电主轴动力学特性及轴承刚度软化分析 [J]. 航空制造技术, 2014, 448 (4): 81-85.
[28] 王红军. 基于EEMD和小波包变换的早期故障敏感特征获取 [J]. 北京理工大学学报, 2013, 33 (9): 945-950.
[29] 王红军. 数字化制造系统布局与优化技术 [M]. 北京：中国财富出版社, 2012.

[30] 董卫军，高飞. 网络信息检索与利用 [M]. 北京：电子工业出版社，2014.

[31] 海涛，信息检索与利用 [M]. 北京：北京航空航天大学出版社，2015.

[32] 张惠惠. 信息检索 [M]. 2版. 北京：机械工业出版社，2003.

[33] 赖金福，王冲，马铭锦. 现代科技信息检索 [M]. 西安：西安电子科技大学出版社，2000.

[34] 潘卫. 网络学术信息资源及其检索 [M]. 南京：东南大学出版社，2000.

[35] 文家富，郭伟，邵宏宇. 基于领域本体和CBR的案例知识检索方法 [J]. 计算机集成制造系统，2017，23（7）：1377-1385.

[36] 张存吉，姚锡凡，张剑铭，等. 基于深度学习的刀具磨损监测方法 [J]. 计算机集成制造系统，2017，23（10）：2146-2155.

[37] 朱雪初，乔非. 基于工业大数据的晶圆制造系统加工周期预测方法 [J]. 计算机集成制造系统，2017，23（10）2172-2179.

[38] 刘锴锋 王红军 左云波. 基于本体及Web文本的数控机床知识获取 [J]. 电子测量与仪器学报，2017，31（4）：651-656.

[39] 罗伯特. 如何撰写和发表科技论文 [M]. 北京：北京大学出版社，2007.